ECONOMICS MAKES LIFE BETTER

经济学
让生活更美好

刘金山 著

暨南大學出版社
JINAN UNIVERSITY PRESS

中国·广州

图书在版编目（CIP）数据

经济学让生活更美好/刘金山著.—广州：暨南大学出版社，2022.12
ISBN 978-7-5668-3487-4

Ⅰ.①经… Ⅱ.①刘… Ⅲ.①经济学—通俗读物 Ⅳ.①F0-49

中国版本图书馆 CIP 数据核字（2022）第 157614 号

经济学让生活更美好
JINGJIXUE RANG SHENGHUO GENG MEIHAO
著　者：刘金山

出 版 人：张晋升
策　　划：黄圣英
责任编辑：雷晓琪
责任校对：刘舜怡　郑作民
责任印制：周一丹　郑玉婷

出版发行：暨南大学出版社（511443）
电　　话：总编室（8620）37332601
营销部（8620）37332680　37332681　37332682　37332683
传　　真：（8620）37332660（办公室）　37332684（营销部）
网　　址：http://www.jnupress.com
排　　版：广州市广知园教育科技有限公司
印　　刷：广州市友盛彩印有限公司
开　　本：787mm×1092mm　1/16
印　　张：14.5
字　　数：231 千
版　　次：2022 年 12 月第 1 版
印　　次：2022 年 12 月第 1 次
定　　价：59.80 元

目录

Contents

重要的是学习

别让颜值成为资源诅咒[①]

走进教室，一股青春的气息，扑面而来——一群年轻的俊男美女坐在我的面前。年轻的朋友们，亲爱的同学们，向你们致敬，明明可以靠脸吃饭、靠颜值吃饭，却辛辛苦苦来到这儿，进行人力资本投资。你们是看重未来的，是懂经济学逻辑的；在这儿进行人力资本投资的人，都是看重未来的，都是懂经济学逻辑的。

颜值，是一种资源，高颜值则是稀缺资源。靠脸吃饭，就是把稀缺资源盘活了，带来了现金流（或非现金形式的收益）。这就是资源资本化。颜值越高的人，带来的现金流可能越多。的确，一切稀缺的资源都是有价的；越稀缺，价越高，这就是相对价格。

但靠脸吃饭，面临着两个强约束条件。

一是时间约束。青春易逝，时间对每一个人来说都是公平的，自然规律不可逆。化妆品就是要逆自然规律而行，去维持难以持续的稀缺资源，维持的时间越长，花费越大，这是化妆品价格高的原因所在。化妆品产业长盛不衰的秘密正在于此。

青春易逝，靠脸吃饭是不可持续的，资源资本化带来的现金流也是不可持续的。当然，现代医学提供了整容术，用人工的颜值，替代自然的颜值；用现金流交换稀缺的颜值，以金钱换时间，替代的价格就是整容的费用。

二是心理约束。我们都知道，边际效用递减规律是人类的心理规律。笔者曾经听说过这样一个故事。罗斯福连任三届美国总统后，有记者问他有何感想。罗斯福拿出一块面包请记者吃。记者不明白何意，又不便问，只好吃了。罗斯福拿出第二块，记者还是勉强吃了。罗斯福又拿出第三块，记者赶紧婉言谢绝。这时

① 本文发表于2017年8月7日，题目有修改。

罗斯福微微一笑："现在你知道我连任三届总统的滋味了吧。"消费"脸"的客户受边际效用递减规律的影响喜新厌旧，这是一种心理本能。

在时间约束和心理约束的作用下，颜值资本化带来的现金流是不可持续的，颜值资本化是短期的。年轻的时候，人们进行短期的颜值资本化可以理解，但要作长期考虑，则需要突破颜值的约束，进行人力资本投资。

高颜值，有时候是一种"资源诅咒"。资源诅咒是指那些自然资源丰富的国家和地区，经济增长反而相对缓慢，甚至停滞。这主要是那些国家过分依赖某种相对丰富的资源导致的。

为什么会有"红颜薄命"一说？红颜，就是颜值高！靠红颜吃饭的人，一不留神就陷入了薄命。薄命，就是陷入了资源诅咒！红颜，如何突破"薄命困境"？靠读书提升自我，是一条可行的路径。最近的一部电视剧《我的前半生》讲的正是一位全职太太离婚后重新进入职场的故事。主人公养尊处优的生活为她带来了生活的"资源诅咒"——离婚。主人公从零开始，努力工作，破除了"资源诅咒"。

破除"资源诅咒"，就是人年轻时多学习的理由。"少壮不努力，老大徒伤悲"就是人们未能破除"资源诅咒"的结果。高颜值，福兮，祸兮，在于你的心，在于你的选择。

师生情[①]

人世间有两种关系最为纯洁：一种是父母和子女的关系，一种是老师和学生的关系。父母都望子成龙、望女成凤，孩子发展得越好，父母就越高兴、越自豪。老师都希望学生学有所成，希望学生创出一番事业，成为知识精英、财富精英、政治精英。母以子贵，师以生荣。

这两种关系的相同之处是：都面向未来、重视未来，而不是“满眼都是现在”。这是代际之间的希望传承。

二者的不同之处在于：父母和子女的关系是先天的，师生之间的关系是后天的。源于血缘的先天关系是纯洁的，这是生命的本能，无须赘言。一般而言，后天的关系，竞争的成分往往大于合作的成分。但是为什么后天建立的师生关系却是纯洁的呢？

老师和学生聚在一起，是一种合作关系。学生求学的过程，是一个人力资本投资的过程。在这一过程中，学生不是一个人在战斗，而是一群人在战斗。家长是股东，是投资人。在这一过程中，老师的作用是不可替代的。正是师生合作的团队生产，完成了人力资本投资的生产过程，进而推动了社会进步与人类发展。

经济社会的发展，往往受到边际报酬递减规律的制约，但是师生之间的合作，却具有报酬递增的性质。比如你有一个苹果，吃了就没有了，但老师有一个Idea，告诉学生，老师依然有这个Idea，同时，学生也有了一个Idea，于是报酬递增效应呈现了，经济社会发展起来了。

正是这种报酬递增的性质，从终极意义上决定了师生关系的纯洁性，而且是长期的、终生的纯洁性。这一纯洁性，派生出同学关系的纯洁性，令每个人都难以忘记“睡在我上铺的兄弟”。

---

① 本文发表于2017年9月10日。

人的一生中，会遇见很多老师，每一个老师都会和学生互动，在师生互动间产生了报酬递增效应。古人云："三人行，必有我师。"现代社会，分工如此之细，更加凸显了每个人都是有限理性，于是"三人行，都是我师"！

愿大家永远珍惜师生情。老师们，教师节快乐！全天下，教师节快乐！

你不是一个人在战斗[①]

每年的这个时候，就要和新生见面了，无论是老师还是学生，心中都不免有些小激动，总想着要说些什么。

笔者小时候在河南老家听戏，豫剧《铡美案》家喻户晓。《铡美案》的故事讲的是：宋朝时，有个书生叫陈世美，结发妻子叫秦香莲。陈世美进京赶考，中状元后隐瞒自己已婚并生育的事实，被招为驸马和公主结婚了。秦香莲到京城寻夫，连遭挫折和迫害。秦香莲很生气，把状子递到包拯，也就是“包青天”处，“包青天”查明事实后，把驸马陈世美铡了。

看来，陈世美忘了一件事：他读书的过程中并不是一个人在战斗。他读书的过程，就是人力资本投资的过程。其间，有太多的投资人：含辛茹苦侍奉老人、照顾孩子的结发妻子，白发苍苍却依然在农田劳作的父母，给予这样那样的帮助和经费支持的亲朋好友。

总之，陈世美背后是一群人在战斗，这些为他战斗的人都是投资人，都是股东，或者说，都是利益相关者。这些投资人，实际上看重的是陈世美的未来，希望“一人得道，鸡犬升天”，这是投资人所期望获得的收益。实际上，每一个投资人都是看重未来的。

陈世美进京中了状元，娶了公主便想抛弃投资人，独享投资收益，这违背了投资人的逻辑，可以说是犯了众怒。

秦香莲进京寻夫不得，屡遭迫害，进而告状，不仅代表她以结发妻子的身份行使权利，更代表所有投资人行使收益索取权。她碰到了“包青天”，使这一投资收益的分配之争落下帷幕，既是必然，也是偶然。同意，或者不同意，这是经济学逻辑，也许还有其他的逻辑解释。

---

① 本文发表于 2017 年 9 月 14 日。

来读大学的同学，你也不是一个人在战斗，而是一群人在战斗。

在学校获得的教学产出是一种稀缺资源，获得它需要付出一定的成本。谁需要教学产出，谁愿意为获得教学产出付出成本，谁就是大学教育的投资者。这是由教学产出具有的“私人物品”和“公共物品”两种性质决定的。

教学产出是私人物品，具有收入效应。学生和家长支出学费购买了学习的权利，目的是使学生获得潜在生产率，进而谋求未来收益最大化。大学教育不再是一种奢侈品，而是一种生存的必需品。

教学产出是公共物品，具有正外部性。现代社会，国家的贫富比人类历史上任何一个时期都更取决于高等教育质量。政府是高等教育市场的最大主顾，投入财政资源购买教学产出，提高综合国力，并惠及本国企业和居民。

政府和家庭为接受教育所付出的各项成本，都是为了获得一种存在于人体之内、可提供未来收益的潜在生产率。

可见，学生既是教学生产函数的投入要素，又是教学产出的载体，更是教学治理结构的关键组成部分。

生而不同君何为？[①]

人生在世，不得不承认一个事实——生而不同！一个人一出生，很多事情就定下了。父母无法选择，基因无法选择，肤色无法选择，有人黑头发黑眼睛，有人黄头发蓝眼睛；出生地无法选择，籍贯无法选择，有人生在非洲，有人生在亚洲，有人生在欧洲；出生时阶层就定了，出生时贫富就定了，有人身居庙堂，有人游走江湖，有人蜗居山间。

有人自豪：我就是我，就是人间不一样的烟火。有人无奈：没有花香，没有树高，我是一棵无人知道的小草。世间哪有两个同质的人！也许，正是这样，世界才有了多样性！生而不公，生而有异，事实天定！这就是真相！

生而不公，有人怨天尤人，有人奋发努力，所以社会就有了阶层流动性。学习，即进行人力资本投资就成了阶层流动的主要机制之一。

我们每天都面临着选择。每年都有新同学问我："老师，我应该学点什么？"我的回答是："学点稀缺的东西。"否则，君何德何能得到高的市场定价呢？一切稀缺的东西都是有价的，无论是显性的市场定价，还是隐性的市场估价，是金子，总会发光的。

学生的稀缺性，就是其身上蕴藏的潜在生产率。所谓能力，就是一种专用性的资产：你有，别人没有；别人有，你强。

笔者小时候写文章，常常以"光阴似箭，日月如梭"开头，当时并没有特别深刻的体验，但现在经济社会发展变化，可谓"一日千里"。

在这个快速变化的时代，我们要具备什么样的稀缺性？那就要看看，这个世界需要什么以及需要我们自主地供给什么？这个世界需要沟通，需要交易，只有这样，人类合作的秩序才能拓展，世界才有发展的机会，由此，语言和货币成为

---

① 本文发表于2017年11月23日。

通行世界的工具。

英语至关重要。人类学习语言的过程，具有规律性的顺序：听，说，读，写，译。婴儿学语言，就是从听开始的，听到什么，就学到什么，地方方言就是这样传承的，正所谓“乡音难改”啊！

一旦会说话，人类就开始探索精彩世界和精彩人生，“读”就成为拓展无限边界的关键路径，有了“读”的输入，就有了“写”的产出冲动和需求，一旦跨出国界，“译”就是交流的必需品。

作为大学生，“听”与“说”英语的能力至关重要。试想未来，你做了公司总裁，与一个国际客户洽谈合同，如果需要他人翻译，本来花 1 个小时就能完成的事情就要花 3 个小时。

在全球化与互联网时代，地球仿佛变得扁平化，对每一个行为主体来说，合作是全球化的，面临的竞争是全球化的。

无障碍且顺畅的外语交流是一个基本门槛：迈过这个门槛，我们可以见到一片无际的蓝天；迈不过这个门槛，就只能困在房子内。市场的边界约束了市场机会，竞争就更加激烈，合作的交易成本则更高。

实践是检验真理的唯一标准。在广州，一个检验外语能力的方式就是到珠江南岸琶洲会馆的广交会去应聘做翻译。如果能够胜任，外语能力就算基本过关，未来要着力提高专业能力；如果不能胜任，回来好好练吧！

我们的外语水平提高了，未来汉语走向世界了，英语和汉语并行，将是我们的绝对优势。

资产负债表、利润表、现金流量表，这三张表是通行的世界语言。每一个数据背后，都有一个故事，都有生产要素的流动、产品和服务的流动、货币的流动，都对应着每一个具体的人、每一个具体的行为主体，都是理性选择的结果，尽管从事后看，结果并不一定是理性的。

数据之间有着特定的逻辑关系。通过逻辑关系分析，我们就知道公司的运营情况如何。这是宏观数据的微观基础。数据分析能力是这个时代的必需品。一位在金融机构工作的学生曾告诉我，他在学校的时候写篇文章、做实证分析，数据有几千条或几万条；现在工作，每天处理的数据是几十万条、几百万条甚至上千万条。数据分析要借助统计分析软件，大数据时代，我们必须熟练掌握统计分析软件和一些基本的编程语言。

现在这个时代，母鸡不但要会下蛋，还要会推销自己的蛋。每个人都是企业家，尤其是在客户面前。有效的、具有冲击力的、令人记忆深刻的表达，能够很好地影响客户的选择。立体式的表达是这个时代的需要，听觉和视觉需要融合，PPT 是通行的表达方式。书面表达能力，背后体现的是一个人的抽象能力、提炼能力，这种能力越来越稀缺。

以上四种能力提升的同时，我们还要提升自己的专业能力。很多课程我们现在还无法判断它的实用性，但它直接或间接会影响我们的专业能力。请记住，无用就是有用。专业能力，包括理性之光的理论素养和在客观世界中的实践能力。

世间已无儿童的天真烂漫[①]

当今世界，最为稀缺的是儿童的天真烂漫，人世间已经难寻这一天性，因为人世间苦“竞争”久矣而又无可奈何。为进好大学而上好高中，为进好高中而上好初中，为进好初中而上好小学，为进好小学而上好幼儿园。人生的竞争从三岁开始。不仅现在如此，古代的儿童也是如此。科举制就是如此。古代的男孩，虚岁五岁左右（周岁可能就三岁多），就要开始接受教育，为科举考试而奋斗了。

学习，就是从背诵开始的，要背诵的内容很多很多，《论语》约 1.2 万字，《孟子》约 3.5 万字，《易经》约 1.7 万字，《尚书》约 2.6 万字，《诗经》约 3.9 字，《礼记》约 10 万字，《左传》约 18 万字，合计约 40 万字。每天 200 字左右，一个儿童 5.5 年左右才能背完，之后开始参加一系列考试，如县试、府试、院试等学校考试，以及科试、乡试、会试、殿试等科举考试。这一学习任务还是很繁重的，对孩子们的激励，至关重要！

于是，就有了宋代赵恒的《劝学诗》：“富家不用买良田，书中自有千钟粟。安居不用架高堂，书中自有黄金屋。出门莫恨无人随，书中车马多如簇。娶妻莫恨无良媒，书中自有颜如玉。男儿欲遂平生志，六经勤向窗前读。”显然，这是用美女和财富来诱惑孩子们好好读书，读书好，一好百好。更有唐朝孟郊的《登科后》：“昔日龌龊不足夸，今朝放荡思无涯。春风得意马蹄疾，一日看尽长安花。”经过皇帝殿试登科后，登科进士骑着高头大马，在长安街游行，那真是春风得意，以前的艰辛痛苦就过去了。

不同的国家（地区），竞争的强度和广度是不同的！小学生常常感叹道：“我们放学，不叫放学，只是换个地方写作业而已！”全世界绝大部分的孩了，从 6 岁上小学就开始了人生的竞争！

---

① 本文发表于 2020 年 6 月 1 日。

我们的孩子的人生竞争，似乎提前了，从3岁上幼儿园就开始了！每一个家长都要拉着孩子奋力奔跑，生怕落后！家长们可持续的现金流，滋养着很多非学历教育公司在境内外资本市场上市。

孩子抚养成本指数式地螺旋上升，导致了中国生育率的下降。没有童年的孩子们，就这样按照成人的社会逻辑，奔跑着！分数最大化，无可奈何地成了孩子们的唯一目标函数，家长们的唯一目标函数，老师们的唯一目标函数！孩子的分数、钢琴的等级、跆拳道带的颜色，都成了成人面子的多维参照！

每一个家长心中，都有几个“别人家的孩子”。每一个孩子心中，都恨着几个“别人家的孩子”。

儿童的观念，早在宋朝已有之。古之中国，儿童被视为成人的过渡期。近代以来，受强国思想影响，儿童不只被认为是延续家族的命脉，更被视作国家未来的主人翁！梁启超先生的《少年中国说》更是振聋发聩：“今日之责任，不在他人，而全在我少年。少年智则国智，少年富则国富，少年强则国强，……少年雄于地球则国雄于地球。”

儿童成了缩小版的成人！但童年不是迈向成人的时间通道，而是生命历程的特定阶段的体验。特定的必经阶段的成长体验，影响着未来的创造性！

尊重儿童的人格，爱护儿童的天真烂漫，至关重要！我们需要重新认知儿童世界！儿童时期的主旋律就应该是：无忧无虑地玩！天真烂漫地玩！

中国流行一句话：从娃娃抓起！笔者认为从娃娃抓起，要顺应娃娃自身的成长规律！顺应规律，顺势而为，事半功倍！

儿童乐则国乐！通过玩，多元化的玩，刺激孩子们的大脑，激发孩子们的潜能，为未来创新作储备！

我们的大学双眼紧紧盯着世界排名，殊不知，教育体系最基层是小学教育！中国最需要的是世界一流的小学教育！没有世界一流的、顺应孩子天性规律的小学教育，怎能支撑大学的世界排名！不同国家的孩子未来成人后，谁又将为谁打工呢？关键在于其领导力以及顺应成长规律所培养出的领导力。这一重任，分数最大化目标函数又能否承载呢？

校外培训：从地下经济回到地下经济[①]

近期，股市“绿色盎然”，领跌者之一就是教育板块。教育板块本来是最不受经济波动影响的，因为无论贫富贵贱，大家都知道，重要的还是学习。

然而，《关于进一步减轻义务教育阶段学生作业负担和校外培训负担的意见》（“双减”政策），着实给予教育培训板块沉重一击。校外培训上市公司呈现浩瀚绿色，各类培训机构在夏日“感受到”瑟瑟寒风。一些培训开始从公开的地上转移到偷偷摸摸的地下，校外培训被称为地下经济新战场。

“双减”政策的出发点是好的，是为了减轻学生过重作业负担和校外培训负担，减轻祖国花朵的教育成本，于是政府从供给侧入手，不允许校外机构提供或使其减少提供培训服务。校外培训没有了，教育成本就下来了，抚育孩子的成本就下来了，生育意愿就提高了，“三胎”生育政策就彰显效果了。这一供给侧的“双减”政策，可以说是立竿见影地从实体上削弱或消灭培训机构。

然而，“双减”政策并不能从需求侧减少祖国花朵（及其家庭）对培训的蓬勃需求。现代家庭并非期望“一人得道，鸡犬升天”，只是期望孩子在人生的竞争中别掉队。20 世纪 80 年代初期，这一期望尤为强烈。1982 年计划生育成为基本国策，第一代独生子女横空出世。千年来的以家长为中心的家庭伦理秩序瞬间转变，孩子成为家庭的中心。本来，家庭风险可以由多个子女分担或化解，但独生子女的稀缺性决定了唯一的孩子不能出问题，否则必然爆发风险，且是系统性风险。此前，一个班级中，一般只有学习成绩差的学生家长才偷偷摸摸地请老师到家中补习，此时地下经济（政府统计不到 GDP、收不到税）呈现出萌芽状态。之所以要偷偷摸摸，是因为家长总觉得这是不体面的事儿。

20 世纪 90 年代初期，第一代独生子女入学后，竞争正式开始了。偷偷摸摸

---

① 本文发表于 2021 年 7 月 28 日。

在家补习成为全体家长（无论孩子成绩好坏）竞争的着力点，老师开始不够用了，地下经济的规模膨胀到了极限。

巨大的需求就催生了巨大的供给。随着市场经济的春风，校外培训机构光明正大地登上了舞台，一个全体学生补习的时代到来了。校外培训机构属于正规的企业组织，进行了正式的工商登记，是正式的营业场所。做得比较大的校外培训机构到资本市场上市了，巨大的培训需求维持着上市公司的股价高涨。

从地下经济迈入地上经济，这是校外培训机构正常的一跃，这要感谢市场经济，要感谢独生子女政策。学习的竞争，智力的竞争，演变成了资本的竞争。

三十年河东，三十年河西。2021 年，“双减”政策和“三胎”生育政策横空出世，校外培训机构不得不从地上经济迈入地下经济，这是惊险的一跃。

这一跳跃，若不成功，摔坏的不仅是培训机构，还有广大的培训需求者——那些焦虑的家长们。这一跳跃，短期内必然是不成功的。培训服务的市场供给骤然消失，必然催生家庭补习的骤然回归。而中小学老师的直接竞争对手，消失了。

能否管住教师的心？[①]

当今大学校园“三高”风行。“三高”即高选课率，高缺课率，高通过率。很多人把“三高”风行的矛头指向了教师，但罪在教师吗？教师无罪，罪在各界没有认清大学的生产性和交易性特征。

大学：特殊的生产“黑箱”

一个流行的说法是，大学生产的主要是“人”（学生）。其实，学生只是教学产出的载体。教学产出，应该是学生的潜在生产率增量，即教学过程开始时学生潜在生产率与结束时学生潜在生产率之间的差值。

现代大学存在的根本原因是学生存在潜在生产率的增值性。由于学生的潜在生产率只有在未来实践时才能显现出来，教学产出不易测度。这造成了衡量投入要素贡献的“考核难题”。

在教学过程中，至少有三类投入：物质投入（教学场所、设备、资料等）、教师的劳动投入、学生的努力程度。产出是无形的，物质投入对教学产出有重要贡献但并非决定性因素。

教师劳动投入的量表现为教学时间，由学分制和特定学科结构决定，不能随意增减。劳动投入的质，即教师教学的努力程度，表现为是否精心备课、精心讲解，是否讲授了完整的学科内容，是否详细讲解了重点和难点，是否准确讲解了学科的方法论等。教师的劳动投入是不可替代的，或者说替代性很小（学生自学的成本很高）。

虽然教学过程中教师的劳动投入不可替代，但更大的因素在于学生本身。学生的努力程度，决定了教师的劳动投入能否有效地转化为教学产出，因为学生是教学产出的载体。学生的努力程度不可替代。

---

① 本文发表于2018年6月15日。

这具有团队生产的特征，从而产生了“团队成员（教师和学生）如何被导向有效的工作”的问题。该问题的解决，有赖于生产过程“黑箱”的打开。教学投入与产出的不可分离性和不易度量性，决定了其生产过程“黑箱”的特殊性。

“考核难题”无法通过市场交换解决，“黑箱”运行机制就具有特殊合约的意义了。由于教师闻道在先，教师和学生面临信息非对称问题，表现为：教师知道课程体系结构和分析方法，学生则不甚了解，无法及时判断教师是否全面讲授了学科知识体系和方法；教师知道课程重点和难点，学生则无法了解教师是否略过了重点和难点；教师了解课程发展前沿动态，学生则很难判断教师是否介绍了课程的最新发展。

学生在听课时对所学内容缺乏足够的判断能力，只有在课程学完一段时间后或应用时，才能对上述问题作出判断，即学生判断具有滞后性。由于信息非对称问题，教师的道德风险、学生的逆向选择就可能出现。同样，教师也很难知道学生的努力程度。

投资人、代理人与被监督人

教学产出（潜在生产率增量）是一种稀缺资源，获得它需要付出一定的成本。谁需要教学产出，谁愿意为获得教学产出付出成本，谁就是大学教育的投资者。

谁是投资者，是由教学产出具有“私人物品”和“公共物品”两种性质所决定的。学生和家长支出学费购买了学习的权利，目的是使学生获得潜在生产率，进而谋求未来时期收益最大化。政府是高等教育市场的最大主顾。政府投入财政资源购买教学产出，是为了提升综合国力和国家竞争力。如果不考虑捐资助学者，大学教育的投资人主要有两类：政府和学生家庭。前者是由教育产出的公共物品性质决定的，后者是由教育产出的私人物品性质决定的。

作为投资人，政府谋求大学教育产出的最大化。由于对教育生产过程的监督成本太高，政府首先制定大学教育生产的制度结构，这表现为大学教育的“法律化过程”。其次，政府通过各种评奖、评估和抽样检查等教育质量评估方式来实现投资人的控制权。

对于教育过程的日常管理和监督，政府在大学内部选择自己的代理人。大学的人员可分为两类：教师和行政管理人员。政府选择行政管理人员作为自己的代理人，监督教育过程。行政管理人员获得代理权后，会制定相应的规则。

而作为投资人的家长，关心的是学生潜在生产率的提高，换言之，家长的目标是教学产出的最大化。由于家长不可能亲自监督教育过程，学生作为家长的代理人行使监督权。高校常见的做法是学生评估教师，这就是学生代替家长行使监督权。

投入要素主体是否努力地生产，对是否实现产出最大化目标至关重要。投入要素主体应该是被监督人。由于教学生产的特殊性，教师与学生的被监督人地位是不一样的。由于学生人数多，监督每个学生努力程度的成本太高。教学管理部门通过《学籍管理规定》（学分制是其中重要部分）对学生学习的结果（课程分数）进行监督和约束，而很难对学生的学习过程进行监督。

同时，学生的家长代理人身份意味着学生也是监督者，对教师进行监督。教师是信息非对称中的信息优势占有者，为了防止道德风险，需要对教师教学行为进行监督，现实中，教师面临着教学管理部门与学生的双重监督：学生可以全过程监督教师的教学行为；教学管理部门通过制定《教学事故条例》和检查组的抽样检查对教师进行监督。就教学过程而言，教师成为主要的被监督人。

代理人与投资人的目标偏离

管理人员监督教师教学行为的目的在于提高教学质量。而提高教学质量的关键在于教学内容，而不仅仅是教学形式。管理部门很难对教学内容形成有效监督，因为内容监督的成本很高。

管理人员要想监督某学科的教学内容，就必须具备深厚的专业知识，而且还要跟踪专业前沿发展，才能知道教学内容质量是否下降。工资既定前提下，努力钻研所监督学科的专业知识会增加自己的成本，管理人员没有动力去学习专业知识。内容监督成本太高，管理人员选择成本较小的形式监督，谋求教学秩序稳定最大化，只要不出事即可。学校制定《教学事故条例》对教学形式和过程进行监督，目的在于稳定教学秩序，如该条例对上下课时间、停调课等有详细规定。该条例实质是不允许教师犯形式错误，否则将按教学事故等级扣奖金等。

这一约束存在以下问题：①规则过度。管理部门为了稳定教学秩序，会尽可能详细地制定规则。仔细阅读，大家会发现只有一部分规定对教学工作有意义，只要教师加以注意，便不会违反；有一些则没有意义甚至是起负面作用。②监督成本太高。授课课堂多，管理部门人数少，就不可能实现普遍监督。

成本较小的选择是抽样监督。抽样监督的小数法则，只能起到警示的作用。管理部门选择成本较低的形式监督，则是在无意识间把对教学内容的监督让位给了学生。

从表面上看，学生能够全过程监督教学内容，似乎可以通过评估来形成内容监督，但实际情况并非如此。学生作为理性人，追求自身福利的最大化。学生上课的福利至少包括：①自身潜在生产率的提高。这对今后的工作和学习至关重要，但需要付出艰苦努力。②课程分数。这关系到能否获得奖学金、优秀学生称号，是否重修、补考，能否拿到毕业证、学位证。③上课的心理愉悦程度（效用）。讲课幽默、能评点天下大事的教师常常赢得学生的笑声和掌声便是明证。

如果学生具有完全理性，就应该重点关注自身潜在生产率的提高，而这取决于教学内容质量的提升。

现实中，学生很难对教学内容形成有效监督：①由于信息非对称和判断滞后性，学生在学期间很难感受到潜在生产率的提高。“读书无用，文凭有用”说法的背后是学生自己感觉不到，无法判断教学质量。②学生与某位教师之间常常是一次性博弈（该教师可能只讲授一门课），而不是动态博弈，学生没有动力去促进教学改革。“铁打的学校，流水的学生”，学生促进教学改革是需要付出成本的，但能否取得回报却充满着不确定性。③如果学生促进教学改革，需要和教师进行谈判，但学生联合的交易成本很高，不能排除搭便车行为，谈判能力较弱。

学生们知道文凭具有信号显示和传递作用，能表明自己的潜在生产率即能力（至于实际是否具有这种能力则另当别论）。要获得文凭，就需要一定的分数，于是学生谋求分数最大化。这样，就会出现“逆向选择”，造成“劣师驱逐良师”“劣生驱逐良生”的结果。

作为家长的代理人，在行使监督权时，学生会谋求监督成本（听课时间）最小化和心理愉悦程度即效用最大化。学生逃课实际上是谋求监督成本最小化和效用最大化的集中体现。在关注分数最大化的情况下，学生评估教师的形式显然不能形成有效的内容监督。

这样，学生最大化目标和家长教学产出最大化目标是不一致的。可见，教师成为在教学过程中（形式上）最容易被监督和（实质上）最不容易被监督的人。

激励偏差：教师的行为选择

教师讲授一门课，激励主要有：①评职称时所要求的教学工作量，即教学课程门数和学时数。②按照绩效分配办法计算出的收入，许多高校把学生评估系数作为一个重要的参数纳入分配制度。

对于职称要求的激励，会导致教师为职称而教学，只要完成工作量即可。而对已晋升职称的教师，这种激励会短时或长时失效。

在收入激励方面，假如教师不出教学事故，在课时、学生人数和待分配资金等既定的条件下，学生评估系数是一个重要的参数。该参数由学生决定，谋求评估系数最大化的教师可通过直接或间接的方式对学生加以影响。

学生的评估主要在于教学形式，目的在于谋求分数最大化。教师可充分利用学生的有限理性，迎合学生需求，提高学生的评估系数。要知道，教师迎合学生的成本是很低的，只需降低自己的教师尊严和权威控制力即可。

这一博弈，表面上是双赢，学生得到高分数，教师得到高评估系数，实际上却是双输：学生未能在有限的时间内提高自己的潜在生产率；教师教学的质量和效率日渐下滑或造成职业倦怠。尤其是一些行之有效的手段变成潜规则或校园文化后，危害性极大。比如放松课堂纪律危害一目了然，会造成“劣生驱逐良生”。

教学数量激励有限，教师会考虑稀缺时间资源的最优配置问题。教学的机会成本是一个重要的决策变量。教师的可支配时间，在教学和科学研究之间配置。教学的机会成本就是科学研究的收益。如果教学机会成本高于教学收益，教师会把稀缺时间主要配置到科学研究上。

教师从事科学研究的收益至少包括：①奖金。高校把论文和课题按照相应等级转化为收入，还会得到各级部门奖励。②职称。评职称需要科研成果，职称晋升意味着收入增加，且是一种持久收入。③学术影响。学术影响体现了学者的无形资产，能取得不菲的报酬。

可见，当从事科学研究的收益（尽管科研充满不确定性）远远高于教学收益时，教师的主要时间将配置于科学研究。

许多学校一直在努力提高教学质量，但这种努力如果离开教学主体——教师的认同和配合，将收效甚微甚至难见成效。

教学数量激励不足和机会成本太高，导致教师教学的生产性努力不足。我们需要重新思考教师、学生与管理人员在教学生产过程中的地位和作用。

高考生：带着户口上大学[①]

近日，收到大学录取通知书的高考生，首先祝贺你们经历过去12年甚至更长时间的头悬梁、锥刺股终于修成正果，你们怀着美好的梦想，即将迈入大学的门槛。入学前准备工作就要开始了。

亲友问："孩子上大学，迁不迁户口?"我回答："上大学，要迁户口。"亲友再问："家乡还有宅基地，迁户口不就没有了吗?"我仍然说："上大学，要迁户口。"

迁不迁户口关键在于到哪个城市去上大学：从一线中心城市，到另一个一线中心城市上大学，酌情迁户口；从非一线城市，到另一个非一线城市上大学，酌情迁户口；从非一线城市，到一线城市上大学，一定要迁户口；从一线城市，到非一线城市上大学，不一定要迁户口。

大学生是中产阶级的候选人，但能不能成为真正的中产阶级，只能靠自己的辛劳，靠自己的智慧。为什么要上大学? 就是要通过人力资本投资提升自己的能力，提高自己未来在劳动力市场上的稀缺性，越稀缺，市场给你的定价越高。这一定价，主要是你的工资性收入。

要想成为中产阶级仅仅靠工资性收入还是不够的，财产性收入是必不可少的。大学生的主要任务是学习，到哪里追寻财产性收入呢? 哪里有稀缺的东西，哪里就会有市场定高价，就可能有机会。

一线城市，或新一线城市，过去、现在和未来，稀缺的依然是户口，户口依然附带着这样那样的福利和公共服务。户口的背后依然是配额制；有了配额，才能交易。配额制最大的体现就是商品房限购，比如一个家庭最多只能买两套房。震惊世界的深圳的深房理事件其实都是户口背后的购房配额制惹的祸，稀缺的购

---

① 本文发表于2021年7月14日。

房配额成为炒作的载体和解决“房住不炒”现象的突破口。

到具有户口稀缺性（住房限购是配额制的标志）的城市上大学，迁户口，就可能意味着谋求了户口稀缺性。有了户口，大学生与家庭的两个钱包（父辈）甚至六个钱包（祖辈和父辈）一起就可以找点时间，到处转悠看看房子。大学生上了学，落了户，买了房，就等于上了追寻财产性收入的车。房子，就是一个车厢。

在房产税靴子落地之前，基于某种需要，房子的财产性收入列车会跌跌宕宕却毅然前行。毕业了，大学生有了证明人力资本的文凭，有了可租可住的车厢，离成为中产阶级就更进一步了。

当然，如果你的家乡有着重大的机遇，比如城市改造要拆迁，重大工程要征地，那还是让户口留在家乡吧。

如果迁户口的增值收益，大于不迁户口的增值收益，就一定要迁户口；如果小于，就不迁户口。当然，如果作为大学生的你不在意这份增值收益，不为楼市“火上浇油”，更不为家庭的资金约束“雪上加霜”，那就解放了自我，进入了自由王国。

迁，还是不迁，这是一个经济学问题！

家和万事兴

父母爱情

她爱出租车司机

嫁衣如火惊艳了红尘

跟着她

单身经济：婚姻已非必需品

生娃经济学

“消费正义”击败了“生娃正义”

生娃的阶层分析

女性生娃，谁说了算？

体制裂缝降低了未来的生育意愿

宠物经济学

父母爱情[①]

1959 年，母亲那年 18 岁，到了婚嫁的年龄。她的堂姐（我的大姨）给她介绍了一门亲事，对象是堂姐所嫁村庄里一位在洛阳工作的青年（我的父亲）。在村里，母亲的家族比较大，堂姐在家族同辈分孩子中懂事早，具有较好的办事能力，因此她总为家族的几位女孩的婚事操心。在堂姐心中有着各种婚姻市场匹配的参数。那位在洛阳工作的青年高大清秀，识字有文化，更为重要的是每月有可持续的收入流。

人类社会脱离了尚武时代后，无论何时无论何地，收入流在婚姻市场一直是男人重要的评价参数，也是婚姻市场一个重要的参数。堂姐本着“肥水不流外人田”的想法，把青年介绍给了堂妹。一个在豫西洛阳的青年，一个在豫东郸城的少女，鸿雁传书，内加照片，虽然未曾谋面，但还是达成了初步婚约意向。

1961 年农历腊月二十八日，父亲回到家乡。春节回家，既是为了过年，更是为了和母亲见面，毕竟鸿雁传书已经两年多，需要双方见面把婚约确定下来。

堂姐——双方的媒人，第二天就把父亲及他的家长带到了母亲家。在乡村，媒人是很重要的，是婚姻市场中不可或缺的中介。即使男女两情相悦，也需要媒人正式出面与双方家长沟通的。尤其是那些双方家长有些不好当面讲的话，媒人的信息传递就至关重要了。

多数情况下媒人是免费工作的，这是关系型社会分工中的一个重要角色。母亲和父亲见面，双方对彼此都十分满意，双方家长也十分满意。其实大家信息沟通已久，见面确定婚约只是水到渠成。

于是，当天二人就去公社（乡政府）办理了婚姻登记手续。大年三十那天，母亲就出嫁了，毕竟父亲春节回家探亲的假期很短。大年初二，母亲和父亲欢欢

① 本文发表于 2020 年 6 月 21 日。

喜喜地回娘家，既是给家人拜年，又是新婚回门。

婚后第一次回到这个自己生活了 20 年的家，母亲还是很兴奋的，人还是同一个人，但身份变了，态度变了，情感也很微妙地变了。

人类的婚姻制度设计真是奇妙，能够通过身份的转换赋予个人不同的情感和不同的责任。

春节过后几天，父亲就回到了洛阳。新婚夫妇开始了两地生活。母亲生活在婆婆家，和在娘家差不多，只是空间发生了变化，从一个村到另外一个村。白天集体劳动，晚上纺线织衣，为丈夫，为自己，为婆家人，也为娘家人。

当时的中原大地，村和村之间呈现出同质化特征，生产模式相似，生活模式相似。在人类历史长河中，婚姻制度几经变迁，最终形成了女方到男方家生活的模式。

女性的适应能力应该是比男性强的，女性的语言天赋、沟通能力、耐心以及隐藏内心想法的能力也是比较强的。母亲很快适应了婆家的生活，也很快和婆家大家族内的各个小家庭建立了联系，还和邻居有了初步的交流。新家庭，新气象，母亲很快就打开了新局面。父亲每年最多只能回来探亲一次，双方又开始了鸿雁传书的两地生活。

这在当时也算是城乡联系的常态。

她爱出租车司机[①]

1989年，正在读高二的我们听到一个爆炸性的消息。一位同学的姐姐在外地一个发达城市上大学，毕业后留在当地工作，与一位出租车司机结了婚。

这个消息如同在平静的水面投进巨石，激起层层涟漪。很多人的第一感觉就是出租车英文“Taxi”的谐音，“太可惜了”！20世纪80年代，婚恋市场上，比较受青睐的是军人和文艺青年。这位大学生姐姐，恋爱理念确确实实超前了！这一理念的背后是婚恋市场上的资本力量！

出租车是一个新生事物，司机也是一个新生事物。出租车服务是奢侈品；出租车司机靠驾驶技术和专业技术能力进入市场，成为先富起来的阶层。开出租车每天都有现金流，与每月固定日子领工资的状态是不可同日而语的。

早进入市场，早受益，这是市场红利，也是技术红利。驾驶技术是稀缺的，市场就为之定了高价。资本正在渐渐取代武力和健硕体魄。20世纪90年代中期，我听说一位大学教授的女儿也找了一位出租车司机步入婚姻殿堂。这是出租车司机的黄金十年啊！她们青睐出租车司机，是爱情的力量，也是市场的力量！市场是有情的，但市场也是无情的。21世纪以来，又有哪位大学生会青睐出租车司机呢？当私家车雨后春笋般地涌现，司机就不再稀缺了。出租车已经褪去奢侈品的外衣，成为发达城市的代步工具，出租车司机的市场地位就发生变化了。

我们相信爱情，但情感市场的参与人，目标函数随社会而变，情感与资本的结合，这是顺流而下。“安”字，是家中有女性，才为安。怎么养家？靠资本！资本是每一个人各方面才华的综合折现。情感和资本结合也是人之常情。资本能够实现美好生活，大学生自然就行随心动了！义利之间，逐渐要换位了。义仍在，利在行。每一个人的心，都在不停地波动。

---

① 本文发表于2018年1月26日。

嫁衣如火惊艳了红尘[①]

2013年春天，我和家人受邀参加了一场在顺德举行的婚礼。宾客按照新郎新娘分属，我被算作新娘家的人。这是我参加过的场面最为宏大的婚礼。

新郎新娘满面春风，幸福满满，各有重金装饰。进入婚礼现场的宾客先与新郎新娘合影留念，照片随即打印出来。宾客云集，依次照相，新郎新娘是很辛苦的，但辛苦并快乐着。

伴随着欢快的婚礼进行曲，婚礼正式开始。新郎迎候，新娘父亲携新娘入场。翁婿礼仪过后，新郎新娘来到了舞台中央。千人瞩目中，新郎新娘互诉心中的快乐。誓词，香槟，婚戒，家长致辞，散花，一切欢快而有序！千人瞩目中，婚宴正式开始。伴随着专业艺人的歌声，新郎新娘依次轮桌敬酒，再一次辛苦并快乐着。

婚礼，的确是真正意义上的成人礼。婚礼前长时间的策划、准备，与方方面面沟通交流协调既考验脑力，也考验体力；既考验了沟通力，也考验了协调力。所以，专业的婚庆公司就出现了。

婚庆公司就是要尽量降低新郎新娘的辛苦程度，让他们尽情地享受快乐。经过每一个细节的考虑，每一个环节的决策，一切尘埃落定后，婚礼终于来了。婚礼现场就是成人礼的高潮。

千人瞩目，的确，这次婚礼超过120桌围，也就超过了1 200人。1 200多人的祝福，1 200多人的注目礼，1 200多人与新郎新娘一起灿烂地笑，新郎新娘多骄傲！

宏大的婚礼场面，一直在我的脑海中荡漾。有一个细节，更令人觉得荡气回肠，看到了市场经济成熟的模样！到婚礼现场时，我和家人到处找收红包的地方，竟然没有找到。到了现场，直接有人引导我们和新郎新娘见面照相。后来我

① 本文发表于2018年3月26日。

们了解到这场婚礼不收红包！

宾客本人能够到场就是最大的红包，就是最大的礼仪，就是最大的祝福。婚礼收红包，天经地义。此刻竟然不一样了。一个不收红包的婚礼样本，震撼着一直在思考市场问题的我！

市场经济，在于人类合作秩序的拓展，突破了血缘、宗法、地域的限制。在这一拓展过程中，理性计算则是必然。但理性计算就涉及了更好的产品和服务，这在人情之外，关系之外。

君子之交淡如水，平平淡淡才是真。婚礼就是婚礼，就是祝福，就是欢乐，就是亲友相聚的舞台。这里没有人情债，这里没有关系网。这场婚礼是市场经济的成人礼，是市场经济的新境界！

突然想起，20 世纪 90 年代中期，顺德产权改革，为现代企业制度和按要素分配的分配制度提供了很好的微观样本。20 年后，一场婚礼又为市场经济的情感礼仪贡献了最高典范。

回想起来，我到广州工作以后参加过多场婚礼，几乎每次送上 200 元钱的红包，婚宴尚未结束红包就被退回，内装 150 元。广东的礼是轻的，而情谊是重的。广东人见朋友常常会带个手信，一件小礼物，或一盒点心，或一盒茶，或一束花，这些手信不贵重但有特色，可谓平平淡淡见真情。

春节，见到朋友的孩子时给个利是，或 5 元，或 10 元，众人皆高兴。社会的成熟超越了物质层面迈向自由的心灵。

2013 年，党的十八届三中全会审议通过的《中共中央关于全面深化改革若干重大问题的决定》指出“紧紧围绕使市场在资源配置中起决定性作用深化经济体制改革”。市场的决定性作用，至关重要。

婚礼不收红包，这又是一道市场经济的靓丽风景线。广东新娘嫁衣如火，惊艳了红尘；婚礼不收红包，更是惊艳了这个世俗的花花世界。

跟着她[①]

男性和女性为什么会谈恋爱、结婚？诺贝尔经济学奖获得者加里·S. 贝克尔告诉我们，是因为两个人在一起的效用大于两个人单独生活的效用之和，即“2 >1 +1”；分手则是因为两个人在一起的效用小于两个人单独生活的效用之和，即“2 <1 +1”。

恋爱是两情相悦，纯粹意义上的情感吸引导致效用上升，为什么“情人眼里出西施”？为什么会有“一见钟情”？正如有人喜欢红色，有人喜欢蓝色，有人喜欢紫色？这些心理偏好，可能无法用经济学来解释，那就留待生命科学去解释吧，这可能是荷尔蒙在起作用，这就是爱情吧。

结婚相当于赋予恋爱情感和荷尔蒙法律意义。有了法律凭证，两个没有血缘关系的男女以及这对男女背后的家庭就要在磨合中前行了。

在家庭生活征途中男女双方如果不能突破边际效用递减规律的约束，如果不能经过千回百转把爱情顺利地转换成亲情，就很难携手慢慢变老。

中华文化博大精深，汉字尤为典型。“夫”“妻”二字很有意思。一个男性，首先是个“人”；随着成长，加上一横，成为“大”；再成长，再加一横，成为“天”；之后成家了，出头了，成为“夫”，变得顶天立地了。的确，自从农耕文明定居模式形成以来，男性的力量就成为优势，自然的性别分工就形成了。

“妻”这个字，甲骨文就是女子旁边有只手。那只手如何解释呢？一种解释是，那只手把女子抓过来，抢婚；另一种解释是，“穿过你的黑发的我的手”，是男子在情意满满地爱抚女子的头发。

无论是“先结婚后恋爱”（抢婚），还是“先恋爱后结婚”（因爱自然瓜熟蒂落），如果要家庭和睦，那只手必然是（或逐步演变成）“穿过你的黑发的我的手”，必然变成亲情之手。

---

① 本文发表于2017年9月6日。

人到中年，家庭和睦，爱情已经变成亲情了，年轻时的荷尔蒙因素慢慢消退，相知相伴、相互依存的心理报酬递增效应开始显现了，心态愈发平和了。

我在年轻的时候很少陪太太逛街，也可能是因为时间约束，也可能是没有意识到逛街的妙处，当时逛街的效用可能为负。人到中年，我反而慢慢开始爱陪太太逛街了，慢慢发现了市场交易真奇妙。

太太负责智力活动：搜寻商品，负责货币选票决策、价格谈判、负责商品组合。我负责体力活动：拎包。拎包的同时，我的最大兴趣是观察市场，如商品种类、价格、产地、促销策略、店员的行为表情等。

观察市场交易的过程，无论交易是否成功都是一件令人享受的事情。尤其令人印象深刻的是，无论交易是否成功，无论在那儿搜寻多久、试穿试用多久、价格谈判多久，店员都是满面春风，即使顾客不购买，也是伴随着“欢迎下次光临”的和悦声离开。店员对陌生顾客的爱真是恒久远，不论男女老少，不论高矮胖瘦，不论肤色，不论来自何方，不论行政级别，不论职称等级，只论货币选票，这当然是市场之美。

我观察市场交易的过程，发现太太真是个市场交易天才：对商品的功效、品质把握极其准确，对商品价格差异了然于胸，对价格谈判心理变化的掌握游刃有余，购买决策极其果断，颇有一股英姿飒爽的豪气。

人生面临两件事情。如何挣钱？如何花钱？如何挣钱，在于我们能为别人提供什么优质的产品和服务。如何花钱，在于我们如何选择别人为我们提供的产品和服务。花钱，是一个智力密集型活动。买什么？为什么买？以什么价格买？买多少？商品之间如何组合？此类智力密集型活动，绝非我这个书生能做到的。突然感觉到，秀才真是在市场交易中“手无缚鸡之力”呀。

我突然想起一本书《妈妈值多少钱？世界上最重要的工作为何不计薪酬》：妈妈担任着管家、厨师、司机、教师、心理咨询师，一人独当多面，辛劳一年却分文没有。那么，“太太值多少钱？”毕竟太太也担任了如此众多的职务，这是一个难以回答的问题。我想，最好的回答就是：无价！最好的行动应该是：情相依。那就跟着她吧！

单身经济：婚姻已非必需品[①]

爱情，是人类社会永恒的主角，也是人类社会永恒的心理体验。无论是文学故事中的罗密欧与朱丽叶、白娘子与许仙，还是历史中冲冠一怒为红颜的某位帝王，都是一个“情”字。

但是爱情与婚姻是两回事儿，有时候我们不得不把二者分开。爱情是荷尔蒙的萌动，两人相见相吸，体内就产生了化学成分多巴胺。多巴胺的产生，导致两个人坠入爱河。

很多一见钟情的情侣就是因多巴胺而匹配，说不清，道不明，情人眼里出西施。但是多巴胺的吸引力持续的时间是有限的。为什么有人喜新厌旧，为什么有人见异思迁，就是因为多巴胺的吸引力在递减。可见，经济学理论中的边际效用递减规律是有着坚实的心理学或人性基础的。

要把爱情变成婚姻（尤其是持久的婚姻），那就面临一个千年难题：如何解决多巴胺吸引力的短期性。“闪婚闪离”就是因为双方没能解决这个难题。

人类社会最可持续的情感是亲情，这是一种在潜移默化之中想着对方的利他情感。要将爱情变为婚姻，就要把爱情的短期性转变成亲情的长期性。如果没有亲情，婚姻是很难持久的。幸福的家庭都是靠亲情维系的。

结婚不仅仅是两个人的事情，而是两个家庭乃至两个家族及其社会联系的结合。许多情侣想通过旅行结婚来省去婚礼的烦琐事宜，但归来之后依然要面对两个家庭（家族），这些问题是无可遁逃的。在婚姻持续期间，各种社会角色、社会责任蜂拥而至。柴米油盐酱醋茶，一样都不能少。亲朋好友，迎来送往，婚丧嫁娶，一样都不能少。

而这一切，都要以钱为基础，要有一定的物质条件作为支撑。

---

① 本文发表于2020年9月19日。

有人说，中国的房价一定程度上是丈母娘推高的，这有一定的道理。毕竟，房子是婚姻的最大基础设施。“安”字，是房子下面一个女性，是这个道理。所谓“贫贱夫妻百事哀”也是这个道理。

一句话，在婚姻的复杂性面前，爱情有点太小儿科了。

于是，就有人开始挑战现代社会的婚姻制度。最直接的表现就是不结婚了。

放眼全球，全世界似乎正在迎来单身者的时代。无论是澳大利亚、英格兰，还是美国、日本，抑或中国，不婚已经不是什么新鲜事儿了。一个多元化包容性的情感市场悄然迈上了舞台。

最先行动起来的是女性。江湖上传说，北、上、广、深等一线城市各自有几十万的“剩女”，都是“白骨精”（白领、骨干、精英），全世界都有这样的“白骨精”，尤其是在大城市。美剧《欲望都市》中的女性就是一个现实的写照，她们充满活力，主宰自己的选择，尝试生活的各种可能性。

其实，“剩女”这个说法是个伪命题。这些“白骨精”可能本来就没有意愿进入婚姻，就想潇洒，就想自由，就想过自己的品质生活，何来过剩之说？

对部分现代女性而言，情感市场已经有了多元化的选择，婚姻已经不是必需品，婚姻不再是男权社会里的人身依附关系，“贤妻”不一定是女性人生价值。这些改变的背后是女性的经济独立。

20 世纪 60 年代初，加里 · S. 贝克尔曾说过一句很著名的话：教育是最好的避孕药！的确，随着受教育程度的提高，女性兴起平权运动，拥有同等工作机会。独立意识逐步深入人心，甚至远远超过了“女性能顶半边天”的观念。

无论男性，还是女性，一旦拥抱单身时代，其消费行为也将悄然变化：个性化需求盛行，小众商品盛行。满足情感需要的宠物，小户型的住房，一人餐桌的餐馆，小容量的家用电器，个性化的化妆品及护理服务……

每一个产品或服务背后都是一条产业链，都是市场机会。这些小众商品的利基市场组成了一个大大的长尾市场，蕴藏着丰厚的利润。单身经济的时代正在悄然到来。有需求，就必然有供给。市场运行就是这样有效率。

你看到单身经济的商机了吗？

生娃经济学[①]

经济学中，随着收入上升而需求量下降的东西被称为“低档品”，比如肥肉，随着收入提高，人们多吃瘦肉而少吃肥肉。

人类历史上，随着收入上升，生育率却在下降，人们生育的子女数量在下降。孩子成了“低档品”。收入上升后，为什么人们追求更大的房子、更多的衣服、更好的汽车，却不愿意要更多的孩子呢?

人们消费时面临两个约束：一个是收入约束，即有多少钱可以花；一个是时间约束，即每天 24 小时如何分配。随着收入增加，人们钱多了，收入约束放松了，但时间约束并没有放松，每天只有 24 小时不可能增加。于是，人们改变消费方式，花时间太多的时间密集型的东西就少消费些；花时间少的东西就多消费些。收入上升后，人们爱到餐馆吃饭就是这个道理。

孩子从出生的那一刻起，甚至出生前，就成了一个时间密集型的东西，一个极端时间密集型的东西，一天 24 小时，几乎需要全天候看护，几乎需要全家齐上阵。家庭成员少时，就要请保姆，其实是购买了保姆的时间。

但孩子成长周期太长，从出生到 18 岁离家上大学，孩子一直都是时间密集型的存在。孩子上大学后父母顿觉轻松，就是因为时间约束放松了。

所以收入提高后，人们就想着少消费些时间密集型的东西，转向更省时间的东西，如大房子、汽车、衣服。

孩子不仅是时间密集型的，更是资本密集型的，需要父母投入大量的金钱。每个人都知道生孩子容易养孩子难，生育的核心在于“育”。政府可以计划“生”，但很难计划“育”。

且不说衣食住行，就是教育（人力资本投资）这一块，就是“内卷”中的

① 本文发表于 2021 年 6 月 5 日。

“内卷”。人生的竞争从三岁开始，甚至在婴儿诞生之前，就已经开始。其间，父母投入的金钱是无法衡量的。

这样，生娃，不仅仅加强了时间约束，更加强了收入约束。那人们选择的空间就大大缩小了，只能少生了。

“生”是国家的事儿（公共物品），“育”是家庭的事儿（私人物品）。可见为国家生娃的潜台词就是，生娃是一件“损己利人”的事儿。

一个时间密集型、资本密集型的东西，必然是一个劳动密集型的东西。孩子成长的过程不是孩子一个人在战斗，不是父母和孩子三个人在战斗，而是一家人甚至更多的人在战斗。正因为如此，一个时间密集型、资本密集型、劳动密集型的“低档品”，提前影响了两性的婚姻市场选择。

世人皆知，贫贱夫妻百事哀。寻找配偶时，在感情之外，人们更看重对方有没有能力投资资本密集型的东西，似乎只有经济的成功才能转化为繁衍能力的成功。

一个时间密集型、资本密集型、劳动密集型的“低档品”，不仅影响婚姻，还会影响生活。那么“消费即正义”击败“生娃即正义”，也就放之四海而皆准了。

“消费正义”击败了“生娃正义”[1]

当今世界最为流行的观念是“消费即正义”。消费才是真生活。及时行乐是人的本性之一。秉承这一本性，商家奉行“顾客即上帝”，全心全意服务于顾客及时行乐的本性，采用各种手段鼓励高消费。

其中，最高明的是信用卡。信用卡出现之前，人们先劳动（获得收入），后消费（享受人生）。今天的钱省着点花，存点钱，为了明天更好地行乐，牺牲今天“及时行乐”的机会。信用卡出现之后，人们先消费（享受人生），后劳动（获得收入）。花明天的钱，行今天的乐。

尤其在互联网的助推下，各种借贷软件呼啸而至，更是把人们明天不确定的收入，瞬间转化为今天的消费之乐。明天的钱，可以拿到今天花，刹那间缓解了人们今天的收入预算约束。手指一点，支付瞬间完成，就是一个数字而已，人们完全没有拿着一摞厚厚纸币买东西时心痛的感觉。于是人类社会进入了“提前消费”时代，也就进入了“市场专政”时代。

以美好生活的名义，各种新商品层出不穷，如潮水般涌来，供给开始创造自己的需求。许多新产品不是因为消费者需要买，而是生产者需要卖：生产者采用各种手段告诉消费者，你需要买这个。各种广告无孔不入，不断告诉人们：未来太遥远，今天不能留遗憾，要勇往直前，将消费进行到底。

当智能手机普及到小学生人手一部的程度时，“消费即正义”大有“消费从娃娃抓起”的气势。“消费即正义”产生了一个意外的后果——它击败了“生娃即正义”。

本来生娃（当然更难的是养娃）是婚姻的天然属性。婚姻的本质之一是生娃养娃，就是为娃娃确定一个生物学意义上的妈妈和生物学意义上的爸爸（有时

① 本文发表于2021年6月12日。

候甚至是社会学意义上的爸爸）。要不然全世界，有人生，没人养，岂不是大乱套了。人类的制度设计极其聪明，用婚姻给夫妻套上了生育的“笼头”，此时生育的功能是高于两性关系的。基于此，生娃即正义。

生娃养娃，本来也没有那么复杂。人们常说，多口人，就是多一双筷子多一个碗，这时生娃养娃的边际成本是很低的。一件衣服，老大穿完老二穿，老二穿完老三穿，天经地义。

然而，当“消费即正义”观念呼啸而来时，毫不留情地洞穿了“生娃即正义”观念：再穷不能穷孩子这一观念，深深刺激着年轻的夫妇。

当生娃养娃的人也成了“消费即正义”的拥趸时，尤其是养娃的周期着实很长，边际成本递增就不可避免地、庄严肃穆地、耀武扬威地、理直气壮地来到年轻夫妇面前。不生，年轻夫妇可以自己落实“消费即正义”。生，年轻夫妇和娃娃可能都无法落实“消费即正义”。由此，生娃养娃，成了一件令人细思极恐的事儿，变成了“生娃非正义”。

“消费即正义”的力量是无穷的，它硬生生地把“生娃即正义”变成了“生娃非正义”。那么，谁能击败“消费即正义”观念，旗帜鲜明地高举“生娃即正义”的大旗呢？

生娃的阶层分析[①]

朋友问："三胎政策，会不会带来阶层流动问题?"这问题直击每一个人的心灵：生，还是不生？生娃本是平常事儿，如今决策困难时。既然娃娃是时间密集型、资本密集型、劳动密集型的东西，谁能突破时间、资本、劳动的约束，谁就能多生娃，当然，只是可能。

时间是公平的，每人每天有24小时，但如果人们可以买别人的时间，那就没有问题了。有钱的人可以花钱雇人照顾孩子，这样就突破了时间的限制，买了别人的时间，买了别人的劳动。可见有钱的人就能突破时间、资本、劳动的约束，就可能多生娃。

但有钱就愿意多生娃吗？毕竟生娃养娃不同于生产产品，娃娃也是需要情感投入的，而情感投入不能完全被金钱所替代。

生娃，为了传宗接代，这观点似乎合理，但实际上有点过时了；为了情感陪伴，似乎需要，但一定程度上也可由宠物提供了；为了老有所养，似乎急迫，但恐怕很多人要空想了，因为将来养老院可能是大部分人的归所。

对超级富豪而言，生娃养娃是为了打造一个商业望族，进而使家族成为政治望族或者知识望族，此时生娃承担着家族百年甚至千年大计。但对一个社会而言，超级富豪毕竟是少数，即使多生，也难以扭转全社会人口大势。

谁还能突破时间、资本、劳动的约束呢？低收入阶层倒是有可能。低收入阶层部分人有的是时间，花时间养娃不成问题，有时间就可以投入劳动养娃。但低收入阶层钱少，没钱养娃，怎么办？那就钱多多花，钱少少花，多养一个孩子，就是多一副碗筷。用经济学的话说，低收入阶层养娃的边际成本是很低的。

但低收入阶层为什么要生娃呢？生娃是不是一件损己利人的事呢？此时，望

① 本文发表于2021年6月17日。

子成龙，望女成凤，将孩子培养为精英成为一个概率事件。多生，只要一个娃成为精英了，基于血缘的“一人得道，鸡犬升天”的故事就可能会上演了。于是生娃成了社会向上流动性的通道。这可能会扭转社会人口大势，但其中的结构变化是值得深思的。

越富越生，越穷越生。那中间阶层人士怎么办呢?

中产阶层每天早上起床，就想到还有房贷没有还，赶快去努力工作吧，去争分夺秒地奋斗吧，时间是极其稀缺的；花钱雇人养娃，钱是捉襟见肘的。那些使内卷越来越严重的培训班、兴趣班，那些“不能输在起跑线上”的心灵鸡汤，都是要花钱的。对中产阶层来说此刻养娃，边际成本不是递减，而是递增的。

养娃可不是个“996”的事儿，而是一个24小时乘以7天的事儿。这不仅是一个从摇篮到坟墓的事儿，甚至还要考虑生命周期之后的事儿。生娃养娃成了中间阶层“前怕狼，后怕虎”的事了。生一个吧，是为了情感慰藉；生两个吧，孩子有个伴儿；生三个吧，就反复痛苦地想“生娃的的确确是一连串事件”，还有勇气生吗?

突然想起世界银行关于2018年生育率的数据：尼日利亚5.39，埃及3.33，南非2.4，沙特2.32，印度尼西亚2.31，印度2.22，朝鲜1.9，法国1.88，澳大利亚1.74，美国与巴西1.73，英国1.68，德国与俄罗斯1.57，日本与新加坡1.42，韩国0.98。

看来，世界人民都是穷则生、富不生。生不生娃，成了一个世界性难题!

女性生娃，谁说了算？[①]

全人类面临一个万年不变的事实：男性永远无法彻底理解女性，女性永远无法彻底理解男性。这两个物种走进婚姻，不仅仅是本能使然。

嗨客留言，给我布置了一篇作业：女性生娃抉择的经济学分析。我有点诚惶诚恐，作为一名男性的我去分析女性的抉择可能有点自不量力。好在经济学就是这么自信，就是要洞察世间万物。让我们一起走进女性生娃抉择的内心世界。

由于非婚生娃多是意外，我们就从婚姻生娃开始讲吧。婚姻直接左右了女性的生娃抉择。

封建社会，父母之命，媒妁之言，女性就懵懵懂懂地走进了夫家，开始了“先结婚，后恋爱”的生活。此时的女性，比较尴尬。对娘家来说，她已经是“泼出去的水”了。对婆家来说，她似乎还不算情感意义上的家庭成员，只是一个陌生的新成员。她和夫君的关系也是说不清道不明，“上床夫妻下床客”，在公开场合，夫妻之间很少交流，有点陌路的感觉，表现得相敬如宾。

只有儿媳妇生了孩子，婆婆才觉得她成为正式家庭成员。如果儿媳妇幸运生了个儿子，那她的家庭地位瞬间提升，婆媳关系、夫妻感情骤然升温。此时，母凭子贵。“生娃才是硬道理”背后暗含着一个残酷的婚姻事实，妻子是依附于丈夫家庭的。妈妈的时间可以全天候地投入到养娃大业中。

现代社会，随着女性经济能力和受教育水平提升，婚姻的本质发生了变化。女性不再依附于男性，或者说依附程度大大降低。先自由恋爱后结婚，当女性和男性在一起的幸福大于各自独立生活的幸福之和时，他们才会结婚。此刻的女性对娘家而言，依然是爸爸的“小棉袄”，而不是“泼出去的水”，亲情依旧；对婆家而言，女性不仅是法律意义上的家庭成员，更是情感意义上的家庭成员，虽

① 本文发表于2021年6月22日。

然有时候婆媳之间会有点矛盾，但这毕竟是家庭内部矛盾。

于是，生娃和女性的家庭地位之间发生了分离。那女性结了婚，生不生娃呢？生，有生的快乐；不生，有不生的自由；我的子宫我做主。此时的婆婆不能强迫儿媳妇生，而是求着儿媳妇生。

生娃，成了一种生物学本能。当看到人类幼崽的可爱模样，女性可能会有心动的感觉，产生不能让自家的DNA从这个世界消失的想法，从而造就了“夫，妻，娃”这个三角家庭的稳定。但是这个生物学本能，面临着社会学竞争的当头棒喝。生娃容易养娃难。女性的经济能力是工作给予的。养娃和工作，就有了时间竞争。我的子宫我做主，但我的时间我无法做主。

钱不是万能的，但没有钱是万万不能的。所以工作还是要工作。不工作，女性就有可能回到传统社会的状态中。我想，女性是万万不想回到传统社会的状态中去的。

面对这个时间密集型和资本密集型的养娃大业，自己的工作时间不够了，闲暇时间不够了，生活消费的收入预算约束紧张了。生，还是不生？生娃，就成了生物学幸福水平（生）和社会学幸福水平（不生）的博弈。此刻，教育成了最好的避孕药。教育使女性知道世界这么大，使女性产生想去看看的想法。教育大大提高了女性的社会学幸福水平。活着，不是为了生娃，不是为了吃饭；活着，就是要做有意义的事儿，就是要绽放新精彩。

这就是发达国家开始求着女性生娃的逻辑，不仅是丈夫求着女性生，政府也在求着女性生，出台各种各样鼓励生娃的政策。其实，政府就是想告诉女性：你的幸福，我帮助，你的娃娃，我要尽力养。政府尽力的事儿，多是可能损己利人、少有人愿意做的事儿。用经济学术语说，这是公共物品。

生娃，一不小心，成了公共物品了，完全忘记了初心——那个生物学本能。看来“女性能顶半边天”这句话可能错了。蓦然回首，看看天下大势，女性将要顶起全部的天。

体制裂缝降低了未来的生育意愿①

1990 年，高考奋战之年，甘肃省实行自命题预考制。经过 5 月中旬的预考，高三年级 160 多名同学，只有 80 多名能够参加全国统一高考了。

当时，还没有课外补习市场，只是有一些零星的补习，成绩相对差一些的同学才会补习，成绩中等以上的同学是不会补习的。

经过 7 月 7 日至 9 日的三天高考奋战，我们高中时代就结束了。最后我们当中只有 9 人考上了大学。经过两轮筛选，高考只有不到 6% 的录取率，这一比例是残酷的。被筛选下来的同学要么复读来年再考，要么就找工作了。

上大学前，我们没有举行谢师宴，大家好像也没有这个意识。到餐厅聚餐已是相当隆重的事情，是奢侈享受。

临行前，我们到老师家话别，聊一聊未来，老师送给我一条毛巾。同学之间，送上一个笔记本，写上几句临别赠言。

筹备上大学事宜是家庭的一个大笔支出：小型收音机，用来放磁带练习英语听力；置办些新衣服，还有脸盆、饭盒、水壶等日常用品；被褥由学校统一购买，但要交费。

更为重要的变化是大学开始收费了。1990 年以前，大学生是不用交学费的。当年兰州大学经管专业的学费是每人每年 180 元，住宿费是每人每年 60 元，教材等费用大约 60 元，每学年与学校有关的费用总计约 300 元。我每月生活费 75 元，在校 10 个月是 750 元，加上交通费及零杂费，一年上学大约要花 1 500 元。这是一笔不小的家庭经济支出。

20 世纪 90 年代初期，学费开始上涨了，1991 年为 350 元，1992 年为 500 元，1994 年为 700 元。住宿费也逐步上涨了。学费的上涨意味着教育的成本分担

---

① 本文发表于 2018 年 1 月 28 日。

机制开始发挥作用。

福利体制从教育这儿裂开了一条缝。但谁能想到这缝隙越裂越大。20 世纪 90 年代初期，第一代独生子女入学了。独生子女在家庭中的稀缺性使得中国传统的家庭伦理秩序彻底被颠覆了，孩子成了家庭的中心。

千年来，维持社会运行的儒家伦理就这样被一项政策改变。这一社会效应是人们所始料未及的。

随着第一代独生子女的入学，课外补习成为孩子们的常态，从校内补习到校外。大学的筛选机制进一步加剧了中小学课外补习市场的快速发育。

1982 年的独生子女政策造成了 20 世纪 90 年代初期的课外教育市场繁荣，这是一个意外但符合经济学逻辑的结果。

到了 21 世纪，课外补习愈演愈烈，多家依靠课外补习市场的公司都在国内外资本市场上市了。

学习的竞争，智力的竞争，最后演变成资本的竞争，寒门难出贵子了。课外补习使教育孩子的货币成本、心理成本、时间成本大幅度上升。这种现象一旦形成，就很难逆转。孩子的抚养成本上升了，人们生孩子的意愿就降低了。

尽管 2015 年以后人们可以生二胎了，但并没有出现婴儿出生的井喷，这是必然的结果。2017 年出生人口竟然比上年更少。这就源于 1990 年的那条福利体制裂缝。

1990 年福利体制裂缝开启了一个新的进程。之后，养老、医疗、住房体制等都产生了裂缝。人们越来越依靠自己和家庭了，这是福利体制裂缝的必然结果。

1990 年，我们入学就盼望着毕业，因为毕业就会有工作、有收入。家庭收入低是一个巨大的约束。我们做什么事情都会本能地想到会不会给家庭增加经济负担。我们迫切地想去推动家庭收入预算约束线向右移动，想扩大家庭消费的组合空间和选择范围。用通俗的话说，我们就是想减轻家庭负担。

宠物经济学[①]

天下许多事儿道理都是相通的。天下武功，无坚不摧，唯快不破。看来，武功的最高境界是速度！在经济世界里亦是如此，唯快不破。

现代社会，我们生活在一个相互打工的世界里。我们的生活美好与否取决于我们能为世界提供多少更好的产品或服务，取决于有多少货币选票为我们投票。市场就是这样，我为社会提供多少产品或服务，决定着我有多少“别人为我提供的产品或服务”。把别人的钱，通过市场，装到自己的口袋里是不容易的。马克思说得好：“商品价值从商品体跳到金体上……是商品的惊险的跳跃。这个跳跃如果不成功，摔坏的不是商品，但一定是商品所有者。”

很多时候，这“惊险的一跳”机会稍纵即逝，所以要比别人更快更好！现在社会，永远在线，即时生产，即时消费，人们似乎进入了零等待时代。“更快”成了职场人士的 KPI。“更快”，就这样主导着经济人的世界！同行竞争成了冤家，同事各自使出浑身解数，朋友间友谊的小船说翻就翻，家庭成员之间似乎也被利益撕裂了情感。

然而，人，毕竟不单纯是经济人，还是社会人！社会人最需要的是温情。

无论处江湖之远，还是居庙堂之高，无论是鲜衣华盖之辈，还是引车贩浆之流，每一个人的心里都有一片柔软的地方，都渴望温情。

但是，现代社会，最稀缺的就是温情！温情竟然成了奢侈品！这份温情，要温顺而非叛逆，要互动而非冲突，要呼之即来而非指东往西，要成为经济人回归社会人的心灵港湾。

这份温情如此弥足珍贵，以至于在人间都很难追寻，那就放眼整个生物界！各种宠物，就这样登上了家庭的中心舞台。

---

① 本文发表于 2020 年 10 月 8 日。

本来，狗看家护院，猫伺机捉鼠，这些动物都有其各自的经济功能，都是为了化解风险，实现家庭损失最小化，它们是具有生产力的。

现在，这些动物成了“毛小孩”，人们高高兴兴地成了铲屎官。全家人似乎都成了铲屎官，儿童喜欢，青年人、中年人喜欢，老人似乎更喜欢，尽管“毛小孩”是需要花钞票的。

当你下班归来，“毛小孩”在门口翘首以盼的样子，瞬间化解了你的职场郁闷；当你心情低沉时，口中碎碎念，“毛小孩”似乎在倾听并好像听懂了你的诉说；当你寂寞无聊时，“毛小孩”偎依在你身旁陪你看电视，任你抚摸着它的毛发。

“毛小孩”不仅能化解你的压力，更能创造你的快乐。它任你打扮，伴你旅行，你追它跑，你跑它追，潜入你心。

这样，“毛小孩”的身份不知不觉就发生了变化：起初，它就是一个玩具；然后，它就是家庭成员；然后，它就是伴侣；然后，它就是心灵港湾；然后，它就是一切的温情。有了“毛小孩”，铲屎官的生活似乎充满了无尽的快乐！

“毛小孩”就这样昂首挺胸地登上了家庭的中心舞台，也就顺便创造了一个新的经济世界！养一只猫，猫粮、猫砂、猫便盆、逗猫棒一个都不能少。任何动物都有生命周期，都有生老病死，宠物医院也就应运而生！就这样，铲屎官这个社会人的所需，就成了另一个经济人的职业追求！现代社会，市场反应是最快的，有需求就一定有供给。“毛小孩”的巨大市场必然使一个从生产到消费的产业链出现。

一只猫，可能在波兰出生，被商人包机运到美国，进入一个家庭，又随主人公司外派出差到日本，吃上来自韩国的猫粮，玩上来自中国的逗猫棒。全球化时代，宠物经济也全球化了。

在社会人眼中充满温情的“毛小孩”，在经济人眼中则充满了赚钱的价值。有些人开始炒猫，如同炒房、炒股、炒球鞋，一只几千块钱的布偶猫可能被炒作成几万块钱。“毛小孩”竟然具备了金融属性，变成了一个被炒作的符号。

精准触摸社会人的心灵需求，经济人快速行随心动，宠物经济就这样创造了一个奇妙的世界。

安得广厦千万间

房已非[①]

1986年，由于享受了“农转非”（农业户口转非农业户口）的政策红利，我从河南农村老家来到父亲工作的西北地区一家企业，开始新的学习与生活。由于企业住房有限，我们这些新农转非户需要自行解决住房。

当时拥有住房的家庭，都是享受了单位福利主义的优越性——实物分配，免费居住，所有权归国有（营）单位，使用权归家庭。住房实物分配，是由家庭人口规模、夫妻双方工龄、行政级别及职称级别等一系列参数决定的。这和计划生育政策有点矛盾。

此时此地，住房货币交易市场，既不可能也无必要存在。拥有住房的家庭居住面积有限，没有剩余面积可以出租。即使这些家庭有剩余面积出租，新农转非户也没有支付能力来租房居住。

所以新农转非户自行解决住房，既不可能靠租房，也不可能靠买房。那就只有一条路：自己建房。

父亲和朋友一起在山脚下找了一块相对合意的土地，算是选定了地址。当然，山脚下的土地是免费的。当时每周单休。星期天，父亲带着我们平整地面、打地基，挑水、和泥、打土坯，砌墙、上梁、封顶，抹墙面、铺地面。经过几个月的辛劳，由三间小卧室、一间小厨房组成的土坯平房就建成了。

经过数周的晾晒，家人就入住了。后来，家人又一起努力，把院墙砌起来，陆续在两侧建了小房，种了一棵香椿树、一棵梨树、几藤葡萄，颇有一些四合院的风情。

这套土坯平房是用来住的，完全是居住属性；不是用来炒的，完全没有金融属性。这套住房的所有权和使用权是合一的，都是归属我家的。我的初三时光，

---

① 本文发表于2017年8月18日。

我的高中时光，以及高考的奋战时光，都是在这儿度过的。

1990 年底，我家终于享受了单位福利主义的优越性，分到一套房子，两房无厅，免费居住。当时北方的房子，多是没有专门客厅的，主卧房往往兼作客厅。

由于兼具客厅功能，家用电器多数摆放在主卧房里。21 世纪的家庭，冰箱一般放在厨房。但当时冰箱的位置尤其讲究，一般放在主卧房墙角，两边靠墙摆放沙发。沙发紧紧团结在冰箱周围，客人来了也就紧紧团结在冰箱周围，听着冰箱不时发出的声音。此时的冰箱，不仅仅具有制冷保鲜存储功能，更重要的是主人炫耀性消费的象征。

随后，我家的土坯平房借给了朋友临时居住，当然也是免费的，这是很自然的事情，当时的社会还是“义大于利”的。再后来父亲把土坯平房卖了，价格仅仅几百元钱。我听说是卖给了一位种植蘑菇的朋友。

此时，这套平房具备了金融属性，可以变现了，但并没有住房货币交易市场。这套平房的金融属性，源于居住地产很偶然地变成了产业地产。

1993 年，实物分配的住房开始需要交租金，使用权开始收费了，这引起了企业职工巨大的抗议，但大家最终都接受了这一事实，人们感觉到国有企业的“父爱主义”正在悄然消退。

单位福利体制的悄然解体，使人们意识到未来预期支出的刚性增长，“没有钱”是最大的风险，直接或者潜意识地按照整个生命周期进行跨时均衡消费。所以 1994 年通货膨胀率超过 20%，但没有发生抢购风潮。

抢购风潮的实质是怕物价上涨后“钱不值钱”。1988 年发生的抢购风潮，就是人们担心“钱不值钱”，而不担心“没有钱”（当时国有企业有“铁饭碗”）的结果。

从怕“钱不值钱”到怕“没有钱”，居民的消费行为从相对收入（攀比炫耀）模式，自然而然地演进到生命周期（跨时均衡）模式。所以，冰箱离开了主卧兼客厅，来到了厨房。

1994 年，父亲花了 4 000 多元钱，把房子买了下来。4 000 多元，在当时可是一笔巨款，相当于父亲一年多的工资。

从免费到交租金，从使用权付费（租金）到所有权付费（购房），以实物分配为主的福利体制真的开始变化了。这为 21 世纪初期住房商品市场形成与快速发展作了很好的铺垫。

30 年，不过弹指一挥间。2017 年暑假我故地重游，这套土坯平房房顶已经坍塌，只剩残垣断壁。身处其间，我思绪万千，房子本是居住物，如今已成套利资产。没有对错，只是时代变迁的结果。

只是没有想到，1986 年的自建房，是我人生第一次和房子真真切切地打交道，也是开启了我和房子打交道的人生起点。

门背后[①]

2000年7月，从中国人民大学博士毕业后，我来到了暨南大学经济学院工作。1971年出生的我年方29，一身书生气息，颇有“恰同学少年”的韵味。我走在校园中时有陌生人问路，开头总是“同学，到某某学院怎么走啊”，每当此时，我心中别有一番滋味。

年轻的老师容易和同学们打成一片，课上互动课下聊，同学们与我聊的范围比较广，经济学、历史、哲学、社会学等都有涉猎，学习、日常、情感等全有覆盖，话题无禁区，师生有纪律。

有一年6月底的一天，我接到一个常和我聊天的同学的电话：“老师，今天晚上有空吗？我要毕业了，离校前想和你聊聊。”我和学生的约定，从来都是有时间就聊，没时间就另约，不能对我造成负担。恰好那天有空，我就说：“你来吗？晚上7点。”

7点敲门声准时响起。我对学生的要求是准时。迟到，就是浪费别人的时间。我一开门，这位同学就说了一句话：“老师，我一看防盗门，就看出来贫富差距。”

我说：“你说了一句实话，描述了一个事实，看来今晚上有话题聊了。”我对学生的聊天要求是真实。话语要是真实的表达，否则聊天就没有意义。

学生看到了什么？我那个楼每单元每一层住两户，我家和邻居家对门。邻居家的防盗门是豪华型的，很漂亮；而我家的防盗门是极其简陋的，由钢筋铁栏杆组成。

的确，学生说了实话，一看防盗门就能看出了我和邻居家的贫富差距。学生说实话，我很高兴。更高兴的是，我要求学生要多观察现实世界，力图发现背后

---

① 本文发表于2017年8月15日。

的经济学逻辑。学生善于观察，我高兴。

君子之交淡如水，一杯清茶落座。我说："谈谈吧，四年大学的感受，说实话。"学生说："说实话，这四年，啥都没学到。"

我说："谢谢你，对我说了实话，这可能不仅是你一个人的感受，可能是很多同学的感受。这句话，是否改一个说法更准确：四年学了很多课程，觉得没有什么用。"学生说，"嗯，对、对。您的说法更准确。"

我说："为什么会有这种感受呢？可能是你们学的知识还没在工作中用到，你们有判断滞后性。当你们用的时候，才知道有没有用。比如说，我们经济学有用吗？"

学生说："老师，您举个例子。"我作为一个经济学老师，使命是经济学布道，要把经济学原理和经济学逻辑讲清楚才行。所以，我喜欢通过举例子或讲故事来讲经济学原理。学生也很喜欢这一方式。

我说："比如，你刚刚说的那句话：一眼就看出了贫富差距。这是事实。老师我刚刚参加工作，收入不高，比较穷。对门邻居家，比我家富多了。但你除了看出贫富差距，还看出了什么？仔细想一想，有没有新发现？"

学生说："老师，您是什么意思，能不能提示一下？"看待问题，角度和切入点很重要，切入点找准，问题往往就迎刃而解了。如此看来，这位学生深得我真传，首先想到切入点问题，他在寻找切入点。

我说："我讲过，古人有句话很好：有恒产者有恒心。对应的是：无恒产者无恒心。你能不能深入分析一下防盗门的差异背后的原理？"

学生说："老师，我还没找到门道，您还是帮我分析分析吧。"这不怪学生，因为他不了解一些背景。

我说："我常说一句话：命苦不能怨政府。老师我就是命苦之人。广州市福利分房，1999 年底就结束了。我 2000 年 7 月初到暨南大学报到开始工作。只差半年时间，就没有享受到传统福利体制的优越性。命苦啊！我现在住的是周转房，是学校的房子，租给我家临时住的，租金不高。学校有所有权，我只有暂时的使用权。我的邻居家则享受到传统福利体制的优越性——福利分房，所有权是他们家的，使用权当然也是他们家的。”

学生说：“您说，产权问题，产生了防盗门的差异。我知道了，您不是装不起好一些的防盗门。您可能是不愿意装好一些的防盗门，是吧？”学生真是聪明！

我继续说：“装防盗门，可以看作是一个经济决策。经济决策，就要进行成本收益分析。装防盗门的收益是什么？成本是什么？收益就是心理的安全感。防盗门能不能防盗，在于有没有碰到开锁高手，如果真碰到，几分钟就打开了。之所以讲是心理安全感，是因为我在课堂上讲课时，如果家中没有装防盗门，心中会惴惴不安。如果装了，那就心里感觉安全了——毕竟还有一道防盗门。”

学生说：“那收益就知道了，就定了。成本呢？”

我继续说：“装防盗门，在收益既定的情况之下，花钱多少，要看什么呢？有恒产者有恒心就发挥作用了。产权就起作用了，合约就起作用了。我租的学校的房子，谋求成本最小化，就装了一个最简陋的防盗门。邻居家有所有权，防盗门一定还有其他效用，就装了一个豪华的防盗门。”

学生豁然开朗地讲：“产权差异，决定防盗门差异。”我反问：“经济学有没有用？”

学生回答：“有用，有用。用经济学逻辑确实可以分析身边的很多事儿。所谓透过现象看本质，就是这个意思吧。”我问：“四年所学，有没有用？”学生回答：“有用。经济学太有力量了！”

闲聊若干杂题后，学生满意而归，我心释然，经济学的心灵对话很好。人世间很多事情无法言说。就在学生毕业后的那个暑假，邻居家被盗了，小偷破防盗门而入。我家无恙。

为什么会这样？我想，可能是防盗门发挥了信号显示作用。当来到这一楼层，小偷一定也要作出选择，时间有限，偷哪一家呢？小偷也通过防盗门一眼看出了贫富差距，作出了行动选择。

房子就是 Box[①]

房子就是一个 Box，就是储存东西用的，当然主要是储存人，让人住的。房子可能就是一个符号，一个特定的空间符号。这个符号，如同当年荷兰的郁金香，一旦遇到某种特定场景，其价格可能就飘忽不定了，就被炒作了。

房子被放到市场上，市场就会给它定价。房子上市，不仅仅是房子本身上市，更主要的是房子周围的公共服务一起上市，就是所在的城市在资本市场上市。货币选票，选的不仅仅是房子，还是城市。所谓级差地租，就是房子周围的公共服务在市场上的表现。所以，城市（及其背后的公共服务）就是房价的锚。不同的城市，货币选票自然就决定了各自的锚在何处，资本可是很聪明的。

当前房价问题还是中央说的好："房子是用来住的，不是用来炒的。"住，体现的是房子的自然属性，可以自己住，也可以租出去让别人住。炒，体现的是房子的金融属性，低买高卖，通过价差套利。就在自然属性和金融属性之间，房价就被市场影响，变来变去了。中央说，房子不是用来炒的。这表明，当前房子金融属性太厉害了，主导了房价，迈入了地产造富时代；要回到自然属性，要由自然属性主导房价，要让地产造富时代谢幕，要想获利，靠租金。

金融属性为什么会主导房价呢？现在钱太多了，中国人民银行的统计数据告诉我们，广义货币供应量已经超过 160 万亿元（约 23 万亿美元），为世界第一。太多的钱追逐太少的套利资产（房子），钱潮涌动到哪儿，哪儿的房价就涨。涨的不是房价，而是货币发行量。此刻，房价涨，和曾经出现的小众商品价格疯涨如"豆你玩""蒜你狠""姜你军"的逻辑是一样的。哪儿有风吹草动，钱就会"汹涌而来"，但一般不会"澎湃而去"，除非到了非要获利回吐的关键时刻。

中央说，房子是用来住的，所以各地方政府的房地产调控政策就是要限制金

① 本文发表于 2017 年 8 月 31 日。

融属性的交易，限制套利机会，鼓励自然属性的交易。面对巨量货币冲动，市场手段短期内难以达成目标，就要寄希望于行政手段，网签受限了，预售价受限了。鼓励自然属性的交易，“租售同权”“共有产权”等政策，就出台了。

但钱潮仍在涌动。解决问题的关键，在于如何使交易者发自内心地不让房子从自然属性迈向金融属性，不再追逐金融属性。如何做到呢？如果交易者无利可图或者获利大幅度减少，就没有动力去追逐金融属性了。

那就要形成新的获利规则，金融属性体现的是财产，那就要对财产动手。要挥舞的这只普适之手，就是税。未来 3 到 5 年内，房产税的靴子很可能落地。现在与房子有关的税，是流量税。有交易，有税收；无交易，无税收。

未来房产税是存量税，无交易，也有税收，这恰好解决了“营业税改增值税”后地方政府主体税种缺失问题，存量税下的地方政府与中央政府则容易保持步调一致。流量有限，存量无边。一旦靴子落地，因为存量无敌，有房产，有时间，就会有税收。

房产税能不能抑制房子金融属性？不一定。房产税使套利者的获利空间下降，非套利者的持有成本上升。如果房价快速上升，获利增量大于税收增量，房子金融属性还是会畅通无阻的；但非套利者会择期抛售，改变供求格局。

更为重要的是，流量税时代，一次性交易后，房产增值收益，包括公共服务的增值部分，都归房东；存量税时代，房产增值收益的一部分要通过税收流入政府的口袋，即使房价下降，增值为负，也有税收产生。房产税改变的是预期，预期如何影响房价则因时因地而异。

未来 10 年内，遗产税或资本利得税的靴子可能会落地。这比房产税厉害，会更有力地抑制金融属性。

展望 2030 年，“05 后”开始进入职场、进入婚姻。“05 后”们继承的数套房产，遇到了房产税、遗产税或资本利得税，金融属性存在的人口学基础就被严重削弱了。金融属性也就不得不向自然属性靠拢了。

安得广厦千万间，大庇天下寒士俱欢颜，风雨不动安如山。古人要的是自然属性，发达经济体多数要的是自然属性。我们不妨让金融属性向自然属性靠拢。

体制裂缝孕育了未来楼市的呼啸[①]

1991 年的暑假我回家，即将退休的父亲听说将来退休金的发放方式要变了，不知道退休后能拿多少钱，工厂里即将退休的老人们都有些顾虑。听说我是学经济的，都来问这问那。

之前，老人们没有考虑过这些问题，因为一切都由国家和企业全包，年龄到了就退休领退休金。退休金发多发少，由工龄与行政级别、技术级别决定。

无忧无虑的老人们现在为什么忧虑呢？我赶快了解了一下，原来 6 月 26 日，国务院颁布了《关于企业职工养老保险制度改革的决定》，改革养老保险筹资模式。这实际上是要改变养老保险完全由国家、企业承包的状况，改为由国家、企业、个人三方共同负担，职工按本人工资的 3% 缴纳养老保险费，逐步建立起基本养老保险与企业补充养老保险和职工个人储蓄性养老保险相结合的制度。

这是什么意思？就是未来退休职工养老，个人要负担一部分，在职时要提前交一部分。全包的单位福利主义养老体制裂开了一条缝，这条缝隙立刻改变了人们对未来的预期，尽管政策尚未实施。

老人们对自己的未来很关心，对政策很敏感，这是可以理解的。在任何社会，民众需要的不是关心，而是切切实实的利益。老人们比大学生关心的问题更为实际，也更为重要。关心更接地气的问题是大学生的使命！

我劝父亲，“这政策刚刚出台，没有这么快实施；但随着企业改革，这一步早晚都是要走的，走着看吧，该怎么着，就怎么着。”父亲说：“也只能这样啦。”这话说得有些无奈，有一些沧桑，有一些无法言说的微妙之情。

其实我知道，厂里的日子已经没有 20 世纪 80 年代中期那么红红火火了。企业那一部分，钱从哪儿来呢？个人那一部分，钱从哪儿来呢？

老人们的无奈是无法阻止这一福利体制的裂缝扩大的。老人们还听说，可能

---

① 本文发表于 2018 年 1 月 30 日。

老人老办法、新人新办法，结果就有人提前退休了。

像父亲这个年龄的老人都是年轻时响应“三线建设”号召到甘肃山区工厂工作的。这一号召快速推进了西部地区的工业文明建设和发展。老人们经历过十年“文化大革命”，经历过“放权让利”国企改革的红火时期，快到退休时，一直充满确定性的生活突然变得充满不确定性了，这的确让人有些惶恐。

该来的总会来。1993 年，党的十四届三中全会提出了城镇职工养老保险实行社会统筹和个人账户相结合的模式。1994 年，试点工作全面推开。1995 年，在试点基础上，国务院颁布《关于深化企业职工养老保险制度改革的通知》。1997 年，国务院颁布《关于建立统一的企业职工基本养老保险制度的决定》，明确要在全国范围内建立统一的社会统筹与个人账户相结合的养老保险制度，其中社会统筹采用现收现付制，个人账户采用基金积累制。

该来的总会来。又一个福利体制裂缝到来了。年末回家，父亲又说：“听说房子要收租金了，或者可以花钱买下来。”当时我家住着单位分配的一套房子。一直免费居住的房子要收租金，这在工人们中间引起巨大的争议。

亲友们见到我，给我讲了很多关于租房、买房的传闻，还问我：“租房划算还是买房划算?”我又赶紧了解了一下，原来 1991 年 10 月第二次全国住房制度改革工作会议在北京举行。全国已有 12 个城市、13 个城镇的全面配套房改方案出台。多个省市的房改方案正在报批或完善之中。

甘肃的房改方案尚不得而知，但基本方向是明确的，住房要商品化了，无论是租或者买，都不再免费了。人们对政策是极其敏感的。

这次房改政策实施得更快。1993 年，工厂里的房子要交租金了。工人们虽然无奈，但最终都接受了这一事实。1994 年，父亲花了 4 000 多元把房子买了下来。

从免费到交租金，从使用权付费（租金）到所有权付费（购房），以实物分配为主的住房福利体制真的开始变化了。买房，大家开始接受了，不管是否情愿。当时大家买的多是单位的房子，商品房还很鲜见。

大家还未意识到一头庞大的灰犀牛，一个庞大的房地产市场，一个在 10 年之后扶摇直上的资产价格，正在孕育着!

房价未落房租飞[①]

古今中外，所有的政府都有一种驾驭社会的冲动，都想通过建构理性，实现人民对美好生活的向往。但有一个东西，是最难驾驭的，也几乎是不可能驾驭的，那就是价格！

政府一直想做唐僧，但价格就是不愿意当孙悟空，不肯戴上紧箍儿。价格的变化，可能是弹指一挥间，也可能是漫漫长路。总之，它就是不听话。价格是一面镜子，反映世间万物。价格的变动，反映了万物之欲。无论万物如何变化，价格都会毫不留情地昭告天下，无论是好还是坏。

试问，2003 年以来，我国大地，谁主沉浮？毫无疑问，那肯定是房子！房子的价格可谓是一路起飞。

2003 年至 2007 年，房价先是慢慢飞，接着就是快速飞。2008 年下半年，房价碰到了金融危机，顺便给政府一个面子，放缓了脚步。稍作停顿，休养生息，2009 年下半年房价又开始阔步飞。2013 年，房价已在高位徜徉。2015 年，储蓄了货币能量的房价开始奔腾飞，加速飞，一冲云霄。2015 年至 2017 年，长城内外，大江南北，无论一线大城，还是四线小城，房价至少翻了一番，有些甚至翻了两番以上。一时间，地球人似乎已经拿房价没了办法。

2016 年底，中央经济工作会议说：房子是用来住的，不是用来炒的。2017 年，十九大说：房子是用来住的，不是用来炒的。2017 年底，中央经济工作会议说：房子是用来住的，不是用来炒的。2018 年 7 月 31 日，中央政治局会议说：坚决遏制房价上涨。

房住，就是其居住的自然属性；可以自己住，也可以租出去给别人住。房子租出去，那就是房东拥有所有权，租客拥有使用权，那就是使用权流动了。房

---

① 本文发表于 2018 年 8 月 18 日。

炒，就是其套利的金融属性，就是低买高卖罢了。炒房，房东把所有权卖了，就是所有权流动了。

为落实“房住不炒”的铁命令，地方政府运用铁手腕紧紧摁住房子所有权的流动：限购，限售，限签，限价，限拍……能限之处皆可限。

房子所有权流动还没有被完全摁住，又出新的幺蛾子了。房租竟然飞起来了！北京的房租飞了，20%的加速随便飞，中心城市的房租飞了，一线城市的房租飞了……房租飞，那就是说房子的使用权越来越贵了！

房子的使用权，似乎具有金融属性了。不让炒房子的所有权，那就可能去炒房子的使用权。使用权的流动是符合“房住不炒”精神的。

21 世纪，影响世界的一个大事件就是：中国的城市化。人们汹涌而来，但不澎湃而去。吃穿住行，唯有“住”，最让来到城里的人操心。不让买（所有权），那就租（使用权）吧。到哪儿租呢？人生地不熟，“幸好有中介”。

人世间，最怕信息不对称。信息不对称，其实就是不知道真相。谁有信息，谁就有了主动权。“房住不炒”握手城市化，租赁市场火了，房产中介有了新机会。

中介曾经有过 15 年的灿烂春天，帮助资本炒炒房（所有权），赚得盆满钵满。现如今，只靠租房赚些中介费，实在是不过瘾，那就握手房东炒炒使用权吧。我有房源我怕谁，垄断的实质就是信息垄断。于是，房租飞了，中介笑了，房东笑了，房客哭了。

如果未来房租一直飞，越飞越高，国家机关要扭住货币大腿（房价），又要扭住城市化大腿（房租）。地产税立法可能是应对之法。

为房而战[①]

1995 年夏日，美国总统克林顿向国会大声疾呼：拥有房子是每个公民的梦想，是美国梦的一部分。年轻的克林顿是深知选民所想的。

1929 年起的世界经济大萧条，给美国人民留下了深刻的心理创伤。流离失所，成了美国人民的一场噩梦。大萧条深深地教育了美国人民：心安茅屋稳，性定菜根香，这是一般人很难做到的。大萧条的噩梦，开启了美国人的住房梦。拥有汽车和独栋房子成了美国梦的关键。房屋所有权，成了美国梦的开始；房子成了一个家庭的精神依托；住房梦，深深根植在人民心中。

1934 年，美国成立联邦住房管理局（FHA），可为抵押贷款提供多达 100% 的保险。1938 年，美国成立联邦国民抵押贷款协会，这就是著名的房利美。房利美购买 FHA 投保的抵押贷款，为住房所有权的恩泽四方提供资金。1970 年，美国成立联邦住房贷款抵押公司，这就是著名的房地美。房地美是房利美的后盾，为住房市场提供额外的资金。

为了美国人民的住房梦的实现，美国政府奋力而战。政府奋战了 60 年，1995 年克林顿继续游说国会：虽然自大萧条以来，政府在住房梦方面取得了重大进展，但对一些人而言，住房梦依然难以企及。克林顿继续为住房梦而奋战，为住房所有权恩泽四方而努力。

但有人质疑克林顿：房屋所有权是美国身份的核心特征吗？克林顿的讲话，是否干扰了房地产市场的运行？让大家都来买房子，可行吗？

不管如何质疑，美国政府依然为房而战。美国政府做的是抵押贷款证券化，房利美和房地美就是干这个事儿的。20 世纪后期，整个华尔街都欢天喜地，因为较易发行和出售住房抵押贷款支持证券（MBS）。

---

① 本文发表于 2019 年 8 月 28 日。

这个过程既复杂又简单。发行住房贷款的银行，从购房者手中获得大量借据（IOU），购房人承诺未来20年每月还房贷。银行就把这些IOU卖了，卖给了投资银行（比如高盛），或者卖给房利美和房地美。房利美和房地美再把这些资产证券化，卖给了英国、日本等国家的投资者。英国投资者，也可以把手中资产证券化，卖到全世界。

购房者每月的按揭付款，通过证券从购房者转到了证券购买者手中。华尔街很聪明，通过层层设计，通过资产证券化，让全世界人民为美国住房梦而战。美国总统、华尔街、世界人民，一起为美国住房梦而战。

然而，这个链条有一个大问题：创造了一个可以传遍全世界的金融系统风险。这个链条顺利运行的前提是购房者不能断供，房价不能跌。如果购房者断供，房价下跌，就很难赎回住房所有权。

这样止赎危机就要发生了：购房者断供，房价下跌，银行收回房屋拍卖，资不抵债，银行受损。房价涨，链条各方都受益。房价跌，链条各方都受损。止赎危机一旦发生，整个社会的信心就要濒临崩溃。可见，抵押贷款有点豪赌的味道。

然而，不幸的事儿还是发生了。2001年，小布什总统上台后，依然为住房梦而战。美联储（中央银行）放松银根，贷款审批标准放宽，抵押贷款需求更加澎湃。2006年，部分抵押贷款优惠期过了，还本付息压力骤增，断供增加了，泡沫破灭了，房贷崩溃引发了系统性的金融危机。

后来，美联储前主席格林斯潘面对国会质询时不得不承认：我部分错了。格林斯潘错在何处呢？美国的这场房贷危机，政府救市很有意思：大而不能倒。

这实实在在地告诉人们：这场抵押贷款的链条豪赌，如果华尔街赌赢了，没有人限制其收益；如果华尔街赌输了，美联储限制其损失。约瑟夫·斯蒂格利茨一语中的：这场豪赌的实质是利润私有化，损失社会化。

2019年的中国楼市面临着一个纷繁复杂的局面。唱衰者有之，叫好者有之。无论心中有何想法，无论是为“房住”而战，还是为“房炒”而战，大家都有一个美好的拥有房屋所有权之梦。

心安茅屋稳，“心安”的前提是具有所有权，有恒产者有恒心。20 世纪 90 年代以来，房屋所有权社会逐步形成，这是一个大趋势，这是居民的精神依托。很多人都在为银行打工，按月按揭付款。我们现在还没有大规模贷款证券化，也没有能力让全世界为中国的住房梦而战。

幸运的是，居民为房而战，因为有着住房梦的信仰，为了不发生止赎危机，更是不想进行豪赌，居民部门的债务风险可能是较低的，尤其是相对于软约束的政府部门债务。没有资产证券化豪赌的中国住房市场还是可以信赖的。

楼市会不会发生止赎危机？[①]

有人问：何谓止赎危机？当前楼市会不会发生止赎危机？回答这个问题，关键是在“赎”这个字。

普通人买房子一般都要为银行打工，也就是按揭贷款，每月还贷。银行天生是厌恶风险的，凭什么给你发放按揭贷款？购房人要有抵押物才行。购房人一般要把购买的房子抵押给银行，每月还贷，等还贷结束就把房子赎回了。如果购房人因故不能按期还贷那就麻烦了。逾期还贷的房子就归银行了。银行一般会把房子拍卖，补偿贷款损失。如果楼市发生太多止赎事件，那就是止赎危机了。2008年以后，美国出现的布什村就是止赎危机的体现。

关于房子，美国有过两个村：胡佛村、布什村。1929 年就任美国总统的胡佛，想大展宏图，没有想到发生了经济大萧条。失业者流离失所，四处流浪，饱受饥寒。昔日繁华的大街上，用旧铁皮、纸板和粗麻布搭起的棚户区到处可见。这与胡佛竞选时所宣称的繁华大相径庭，棚户区因此被称为胡佛村。

胡佛的继任者罗斯福，深知住房对居民生活的意义。罗斯福的名言是：一个居者有其屋的国家是不可战胜的。从此，使居民有住房几乎成为每一任总统的头等大事。

1989 年就任总统的布什，把提高自有住房率作为美国住房政策的核心。1993 年就任总统的克林顿说，住房梦是美国梦的一部分。2001 年就任总统的小布什，既秉承老爸的提高自有住房率政策思路，又想着要超越老爸，就更前进了一步。小布什提出构建所有权社会：鼓励私人拥有住房和证券。小布什任期内，所有权社会的确有所建树。自有住房率曾高达 70%。70% 的背后，发生了什么事儿？

---

① 本文发表于 2019 年 8 月 31 日。

买房子，要有钱。普罗百姓，钱从哪儿来呢？最方便的方式是向银行等金融机构借，只能把未来的收入一次性拿到现在，付给房地产开发商，未来每月还钱给银行，这就是按揭贷款。银行可以赚巨额利息、手续费甚至逾期费等。有钱赚，银行是很有积极性发放按揭贷款的。

但银行的资金是有限的，怎么才能多发放贷款呢？天才的华尔街，就开始了奇思妙想：运用金融衍生品，把银行的按揭贷款打包成资产，卖到全世界。这样，银行就可以有源源不断的资金了。这样，全世界就为美国住房梦买单了。这就是按揭贷款证券化。

小布什的所有权社会，为华尔街提供了无限的商机。运用衍生品，华尔街点石成金，一些还款能力弱的人也拥有了住房。然而，2007 年次贷危机发生了，无力还贷的人越来越多。按揭贷款证券化的链条断裂了。于是，止赎事件不断发生，导致止赎危机发生。2009 年房屋止赎接近 300 万户，2010 年又创新高。

购买房子，是人生轨迹中的一部分，如同毕业典礼或者婚礼。止赎危机发生后，房子没了，家的精神依托也就没了。2009 年初，有人发动了一场“保卫房屋运动”，在大城市郊区，发起露营示威，警示人们止赎危机中可能存在欺诈。

在他们眼中，止赎危机可能是新圈地运动：银行等金融机构就是要图谋房子。这一运动，成为 2011 年占领华尔街运动的序曲。人们认为这是小布什政策惹的祸，就把露营地称为“布什村”。从胡佛村到布什村，住房梦的实现确实不容易。止赎危机，的确可怕。

当前，中央“房住不炒”定位之下，楼市走势发生重大分歧，唱衰之声不断。如果楼市下行，可能会触发止赎事件。那么，我国的楼市会不会出现止赎危机呢？那要看它是否具备止赎危机发生的条件。

美国止赎危机的关键在于按揭贷款证券化。资产证券化过程，是一个所有权链条。这个所有权链条越长，发放贷款的银行可以募集的资金越多。募集的资金越多，银行放贷就越多，资产证券化规模就越大。这个所有权链条，使按揭贷款规模倍增。

但星星之火可以燎原，其中一个环节出问题，所有权链条就要断了，倍增效应变成了倍减效应，止赎事件就层出不穷了。如果没有资产证券化，止赎事件可能是偶然事件，可能不会引发止赎危机；如果有了资产证券化，止赎事件可能是系统风险，大概率会引发止赎危机。

当然，止赎发生的前提是购房者由于失业或家庭发生重大变故，没有了可持续的收入流。止赎危机常常是和失业危机相伴相生的。

我们是幸运的，幸运在于对金融懂得不够，所以按揭贷款证券化还没有快速推进。当然，我国资产证券化在 20 世纪 90 年代就有了动议。近年来，资产证券化也在快速推进，这些事儿，我们必须懂，必须会，必须熟练。

我们的按揭贷款证券化的所有权链条是比较短的。止赎事件会发生，但更可能是偶然事件。短期内，止赎危机不太可能发生。当然，如果楼市下行，房地产自身的上下游产业关联可能也会下行，可能会导致一些购房者因为就业不稳定而产生收入流波动，可能会引发一些止赎事件。但我相信，我国经济发展空间和巨大韧性会冲销这些冲击，短期内可以避免止赎危机发生。从长期来看，资产证券化之路，我们必须走，这可能是金融市场的成人礼。

住房公积金：谁说了算？[①]

2000年7月4日，我从中国人民大学博士毕业来到广州，到暨南大学报到，开始职业生涯。一旦工作、生活，我就要真真切切地和房子打交道了。

这一打交道，我突然发现，广州市1999年底停止福利分房了！仅差半年，我没有享受到单位福利体制的优越性！1998年，《国务院关于进一步深化城镇住房制度改革加快住房建设的通知》：停止住房实物分配（福利分房），实行住房分配货币化（花钱买房）。房地产真的全面开始市场化了。

而我就属于被市场化的那一批人，也算是广州的第一批了。老人老办法（福利分房），新人新办法（自己买房）。我就这样错过了福利体制的优越性。像我这样的青年教师，很快就变成了“房奴”，为银行打工。

但住房分配货币化是怎样实现的呢？买房的时候，售楼处小姐热情洋溢地介绍了商业贷款与公积金贷款的组合。人生第一次真实地接触到住房公积金，第一次感受到住房分配货币化是怎么回事。

在广州市住房公积金系统里，单位为我设立了一个住房公积金个人账户。这是我的账户！我每月工资里，有一定比例的钱缴到这个账户里，单位也每月为我缴同样的钱到这个账户里。这个账户里的钱，所有权是我的，使用权也是我的。只不过，我用这笔钱是有限制的，要专款专用，也就是用在有关房子的事上，买房、租房、装修房子时才能用。

单位每月为我缴的钱，就是让我解决住房的事儿，就是住房分配货币化的具体体现。这是新的单位福利优越性之一。享受福利分房优越性的人，是没有住房公积金的。我买房时，选择了商业贷款与公积金贷款组合。公积金贷款，利息是低于商业贷款的。还本付息少一点，对我来说也算是心灵的抚慰。

---

① 本文发表于2020年2月23日。

住房公积金，“公”的含义就是要为没有享受福利分房的人提供低息贷款。低利息，体现了互助性。这是新的单位福利体制的优越性之二。

我每月缴的公积金是税前扣除的，这部分钱不需要缴个人所得税。这是新的单位福利体制的优越性之三。

住房公积金，是随着工资缴纳的。有工作，有工资，才有公积金；反之，就没了。有工作，就是劳动人民了。住房公积金，就是劳动人民的事啦。1998 年，中央推出的住房分配货币化方案，公积金是核心的核心！这是对没有享受福利分房的人的一种福利补偿，是劳动人民住房梦乃至美好生活梦的一部分。

住房公积金，就是劳动人民的蛋糕。无论你年薪百万，还是月薪 5 000，只要是打工的，就是劳动人民。

新冠肺炎疫情暴发以来，学者、官员、企业家呼吁减税降费，这对复工复产很重要。此时，有人提出，废除住房公积金制度，这些人中既有前政府高官，也有著名学者。公积金废除论者没有明白住房公积金的历史和现实，没有意识到住房公积金是劳动人民的蛋糕！

1991 年，上海率先实行住房公积金制度：职工个人缴工资的 5%，单位缴 5%。公积金部分解决了政府没钱建房的问题，示范效应带动兄弟省份行动起来。1995 年 12 月 15 日，朱镕基掷地有声：“公积金的使用和管理是房改工作的中心环节，关系到整个房改工作的成败。”1997 年 1 月 24 日，他再次发声：“住房公积金制度……不完全是新加坡的办法……也不是只有新加坡才实行这个办法……即使是新加坡的办法又有什么不好，人家行之有效嘛。”“我为什么提出要把推行和完善公积金制度作为国务院房改领导小组的主要任务？就是因为它的意义重大。”

从 1991 年到 1998 年，从试点到普及，从局部改进到全面铺开，7 年的时间，构建了一个相对成熟的制度。在 2020 年疫情冲击下，这个实行了 20 多年的制度是否要废除呢？是存，是废，这是一个问题。

存废的关键，还是要回到公积金制度的初心：公积金是住房分配货币化的核心工具，是劳动人民实现住房梦的收入流蛋糕！废，就是劳动人民的蛋糕没了，住房货币化的核心工具没了！企业家心中也许会暗暗高兴：废了好啊！

但劳动人民肯定是不会答应的！其实，普罗大众心中想的很简单：谁让我生活得好，我就拥护谁；谁动了我的奶酪，我就反对谁。当然，劳动人民会说，“废除公积金制度，也不是不可以；但废除了之后，单位要多发给我同样的工资。”换言之，就是要有一个住房公积金的替代办法，不能不管劳动人民的住房梦。

如果废除的话，作为抵御疫情冲击的救市政策，就这样毫不留情地加剧了劳资矛盾。企业很快就会感受到自己承担了政府的救市成本。这真是一波未平，一波又起。没有享受福利分房优越性的劳动人民，会捍卫公积金制度这一新制度的优越性。虽然在 2020 年依靠公积金来买房已是杯水车薪，但这一福利优越性“有”总比“无”好。

2020 年 2 月 18 日，国务院常务会议决定，部分企业可以缓缴住房公积金。缓缴，而不是免缴，这至关重要。用时间来解决问题，完善公积金制度，而不是废除，也许是正道！

房价：谁说了算？[①]

2020年3月底，我国可以花的钱（广义货币量M2）已经超过208万亿元，惊煞众人。2019年12月底，M2为198万亿元。今年1月增加4万亿元，2月增加1万亿元，3月增加5万亿元。这是创了我国纪录的，而这一浪潮还将澎湃。

钱潮汹涌，将澎湃何处？它肯定要有个去处的，而且一定是导向某一个或多个资产价格，无论新冠肺炎疫情冲击如何。深圳，继2015年引领全国房价上涨之后，2020年又一次开始享受钱潮涌动的红利，又一次先行了。秒光盘，日光盘，甚至房价之外"喝茶费"重出江湖，"喝茶费"超过100万元。这真是贫穷限制了人的想象力，但的的确确让人见识了货币的理性冲动。天量货币之水选择了深圳，接下来将传导到其他地区，激起层层货币涟漪。

此刻，我们需要再一次回答房价是谁说了算？房子的价格，是怎么确定的呢？说到"房地产"，我们要把"地产""房产"分开，二者对房价形成的影响不同。这个故事还要从很久以前说起。

人类历史上，第一个圈出一块地说"这是我的"并发现人们相信了他的话的人，简直是个天才，他开启了人们的土地所有权意识。这样，土地就是一定的区位空间及一定时间内对这个空间的占有。

1926年，《芝加哥论坛报》刊载了一条房地产广告："销售人员请注意，销售经理请注意，地段，地段，还是地段，紧靠罗杰斯公园。"看来，94年前，人们对土地区位价值的认识就已经深入骨髓。

地价，不仅是由其当前的利用价值决定的，更是由未来的经济价值决定的：谁占有了土地，谁就占有了未来土地所提供的经济价值。看来，地价不简单，成了人们对特定区域未来经济活动的预期，成了特定区域经济的晴雨表。看到这个

① 本文发表于2020年4月14日。

逻辑，土地所有人就高兴了：谁使用我的土地，就要给我付钱。付的钱，就是地价。

这样，土地就成了可交易的商品，静止的土地就成了可流动的财产，这是造物主当初万万没有想到的。不动产，因为可交易，也变成动产了。“不动产”的英文是 real estate，real 的原意是 royal，皇家的。中世纪的欧洲，土地多归教会或者王室所有。

现代社会，政府成了很多土地的所有人。政府把土地拍卖给开发商，获得土地出让金，交易价格就是地价。

地产故事讲完了，再说房产。房产就是附着土地上的建筑物。开发商买地后，采购钢筋水泥，把房子建好，卖给购房者，交易价格就是房价。

房东付了房价款后这些钱会流向什么地方？开发商拿到这些钱，要补偿土地出让金（地价），要支付建房、卖房各种成本，要还银行贷款付利息，要缴给政府各种税费，剩下的就是开发商的利润。

房东买房后就有了所有权，可以自己决策了。自己住或租出去给别人住（房子使用权收费），这时候房子是用来住的，房子就是一个盒子。把房子卖出去（房子所有权收费），低买高卖，通过炒作所有权赚钱，这时候房子是用来炒的，房子就是一个符号，赚钱即可。很多人买房子不是为了自住，而是把房子看作金融资产。

这样，地价加上一连串东西的价值，就形成了房价。开发商、银行、政府、购房者就成了房价形成过程的利益相关者。除了购房者，每一个利益相关者都希望房价上涨。购房者一旦签了购房合同变成房东，便和全体房东一样希望房价立刻上涨。除购房者外的利益相关者对房价上涨的信仰是深入骨髓的。如果房价下跌，“稳房价”几乎成了除购房者外的利益相关者的共同心理诉求：房价不能跌呀，否则利益链条就要断了。

我们看到房子的价格在上涨，其实可能是房子下面的地价在上涨，可能是房子周围公共服务及其创造的经济价值在提升。土地的溢价部分归了政府，公共服务的溢价部分归了房东。这样的话，房东就拥有太多经济增长收益，有点不劳而获的感觉。

这样，有房人群和无房人群的经济差距将越拉越大：房价上涨，有房人获得免费利得；无房人支付更多房租。社会收入分配不是按照对生产的贡献，而是按照是否拥有房产，这就严重打击了人们的劳动积极性。

所以中央政府说：房子是用来住的，不是用来炒的。

可见，地产与房产不同，地价与房价不同。我们看到的房价背后，有着太多错综复杂的利益图景，这共同决定了房价的走势。政府想要管住房价，就要理顺房价背后的利益关系。

合同期内居住权高于所有权[①]

刚刚颁布的《民法典》，事关每一个人的美好生活。它规定了一个新东西——“居住权”，需要我们仔细琢磨。我们先看看，居住权是什么？

小明在广州没有房子，就租了房东小李的一套房子，签了正式租赁合同，租期3年，租金每月4 500元。一旦合同生效，租客小明就获得了这套房子的居住权。在合同期内，租客小明的居住权是高于房东小李的所有权的。

如果租客小明没有违法乱纪，没有违反合同，在没有正当理由的情况下，房东小李是不能把小明赶出去的，不能侵犯租客的居住权。如果合同没有约定，房东小李是不能涨租金的。合同期内，如果租客小明不同意，房东小李既不能把房子卖出去，也不能租给另外一个人。

可见，在合同期内，居住权不能随便被侵犯。同样，合同期内，房东小李也很难把房子抵押给银行，银行也不会接受出租了居住权的房子做抵押。

可见，居住权的拥有使租客在合同期内实现有恒产者有恒心，政府可以鼓励长租，可以构建租购并举的住房市场。有人可能会问，租客小明是否可以做二房东，把居住权租出去。那要看合同如何规定，如果原始合同有规定，在房东小李同意的情况下，小明就可以当二房东；如果没有约定，小明就不能当二房东。

如果居住权合同正式签署，并经过登记备案，对居住权进行确权，那居住权就可以行权了。

如果租客多了，对居住权需求大，对所有权需求少，就会分流一部分购房需求。这样，房价不会有上涨的巨大可持续动力。三四线城市可能会有较大影响，但对于一线城市，估计影响不大。毕竟，人要有个睡觉的地方，无论租，还是购，最终还是有房东要买房的。请记住，合同期内，居住权高于所有权。

---

① 本文发表于2020年5月29日。

楼市：是泡，还是沫？[①]

楼市到底有没有泡沫，这是当前亟须回答的重大问题，也是争议最大的问题。自从2016年12月中央经济工作会议提出“房子是用来住的，不是用来炒的”定位以来，泡沫争议就一直存在。

2018年7月31日中共中央政治局会议提出“坚决遏制房价上涨”，泡沫似乎存在。但市场并没有这么认为，政府不让炒房价（所有权），那就炒房租（使用权），结果“房价不涨房租飞”，大大伤害了买不起房子的人。2018年12月中央经济工作会议提出“因城施策”。2019年春天，楼市又一次春暖花开，浪花随风翻。

2019年7月30日中共中央政治局会议提出“不将房地产作为短期刺激经济的手段”，一时间楼市唱衰声四起。但历史又一次重复了2018年下半年的情况，于是2019年12月中央经济工作会议又一次提出“因城施策”。2020年疫情肆虐，深圳等地楼市风起云涌，有些地区风平浪静，部分地区饱受冲击。5月22日《政府工作报告》提出“因城施策”，7月24日国务院房地产工作座谈会提出“因城施策，一城一策，差别化调控”。

这意味着楼市，没有泡，而有沫。确确实实，某些城市的楼市泛起了沫，要防止沫变成泡。

楼市有没有泡沫，就要看先行示范区深圳了。2020年疫情暴发后，世界各国中央银行释放大量的货币之水追逐资产价格。货币之水汹涌而来，国际热钱与国内资金一起推高了深圳房价，可能会导致新一轮全国房价上涨，正如2015年深圳引领全国房价上涨一样。2020年7月15日，深圳推出楼市新政，就是不想做全国的楼市引领者。楼市引领者应该不是先行示范区的题中之意。深圳楼市新

---

① 本文发表于2020年8月27日。

政，实际上是为了防沫成泡。这是由深圳楼市的特殊性决定的。

深圳楼市，是土地稀缺性的典型，是一个小盘股（相对而言广州楼市是个大盘股）。小盘股易于炒作，深圳楼市又是全国人民的楼市。市场正在举全国之力推高深圳楼市，和深圳政府掰手腕。

比如，一对来自河南的年轻夫妇（两个钱包）落户深圳购房，河南的双方父母（四个钱包）鼎力相助，六个钱包就一起贡献给了深圳楼市。一次“六个钱包”就是一个小小的沫。只要全国 n 个“六个钱包”甚至祖辈的“八个钱包”源源不断地来到深圳，深圳楼市就沫沫泛泛，但不是泡泡连连，因为钱包源源不断来。

说到楼市泡沫，人们容易想到 2007 年的美国次贷危机，楼市泡沫的破灭导致金融危机。但次贷危机的核心在于次级房贷被证券化了。例如，次级信用资质的 Tom，向金融机构 A 申请房贷。机构 A 把这笔房贷资产证券化打包上市，卖给机构 B1 和 B2。B1 和 B2 又把这些资产证券化，卖给机构 C1 和 C2。如此往复循环，雪球越滚越大，链条遍布全球。一句话，世界人民供养了美国楼市。

目前，我国楼市房贷资产并没有进入大规模证券化阶段，雪球并没有滚大。沫沫变成泡泡的过程中缺了一个放大器。没有这个放大器，沫沫变成泡泡的过程是需要一段时间的。

楼市红利：赚面子，还是赚金子？①

近期，楼市中有两座城市备受瞩目。一座是深圳，一座是长沙。自2020年7月24日国务院房地产工作座谈会长沙市政府部门负责人受邀发言以来，楼市调控学长沙成为一种风向。许多城市都到长沙去学习取经，长沙成了房住不炒的典型，成了全国人民学习的榜样。

长沙为什么会成为楼市调控的榜样？长沙房管部门的胳膊是如何扭住房地产市场大腿的呢？据非全面调研发现，长沙独门绝技之一是单位建房，可能是自有资金，也可能是集资建房，很多单位都呈现出“前店后宅”布局。前店后宅，前面是工作的地方，后面是居住的地方；即使不是“前店后宅”，也可能是单位职工集中居住在单位小区中。这是一种单位所有制的楼市，或单位依附型的楼市，是一种半市场化的楼市。如果工作单位有能力集资建房，就意味着员工基于刚需购房，不需要进入纯粹的房地产市场。单位职工充分享受了单位福利体制的优越性，充分享受了前店后宅模式的红利。前店后宅或单位小区模式，充分实现了“房子是用来住的，不是用来炒的”定位。楼市的单位属性决定了长沙市外的货币之水很难汹涌而来。

如果没有市外货币之水汹涌而来，房价就不会上涨太快，那么居民通过楼市的财富效应就很难显现，就不易享受到全国楼市上涨的红利。可见长沙房地产管理部门的胳膊，只是扭住了一条半市场化楼市的大腿。这是一个没有充分发挥市场决定性作用的楼市。在房住不炒的定位下，长沙充分挣到了面子。但世界是平衡的，赚到了面子，就不易赚到金子。

深圳则是另外一种情况。深圳楼市经过充分市场化，市场发挥了决定性作用。深圳已经阻挡不住汹涌而来的货币之水。货币之水汹涌而来，就不会澎湃而

① 本文发表于2020年9月2日。

去，楼价迅猛上涨。市场举全国（乃至全球）之力推高深圳楼市。在充分发挥市场决定性作用、充分享受楼市红利之后，政府出手了。无论是“7·15”楼市新政，还是学新加坡模式，政府是要形成一个住房多元化供给体系。深圳楼市先发挥市场的决定性作用，再更好发挥政府作用，先赚金子，再赚面子。长沙无意之中赚到了面子，却没有充分赚到金子。

深圳楼市，全国人民养着。长沙楼市，全市人民养着。举全市之力和举全国之力是完全不一样的。长沙模式、深圳模式，没有谁对谁错之分，只有利益之分。哪种模式更好呢？每一个生活在其中的人自有感受。一个放之四海而皆准的事实是，天量货币之水汹涌而来，先接触货币的人、企业、地区率先受益；最后接触货币的有可能受损。无论你承认还是不承认这个事实，都是如此。

世界房欢[①]

2020 年的确是令人惊诧的一年。但无论怎么变化，人性是不变的：行随心动，心随利动。即使进入了口罩时代，人们也在进行理性计算。的确，世界上最聪明的就是钱了。哪儿有得赚，钱就跑到哪儿。比如 2020 年的楼市在疫情冲击之下，竟然呈现出了世界狂欢的景象。

美国楼市路线图是债市—股市—楼市。3 月，美国楼市断崖式下跌；但 5 月以来，美国楼市，意料之外又情理之中地迎来了爆发。截至 7 月，二手房销售量升至 586 万套，创 2006 年底以来的新高；7 月新房销量按照年率计算为 65.4 万套，创 2007 年 10 月以来的单月新高。意料之外，乃新冠肺炎疫情暴发；情理之中，乃货币流动，乃美联储救市。2020 年 1 月，美联储资产负债表规模为 4.13 万亿美元，6 月末为 7.17 万亿美元，释放 3.04 万亿美元的货币之水，其中有 1.7 万亿美元买了美国国债。联邦政府有钱花了！美联储买国债，国债价格就急剧上升，拥有国债的机构和人，财富就突然增值了。债市疯了！疯狂之后，人们获利回吐，开始进攻股市。疫情发生后，美国股市发生历史性的 4 次熔断，股民哀声不绝，但 6 月底标普 500 指数又回到了 3 000 点的水平，达到 2019 年 12 月的水平，且有进一步冲高的态势。股民高兴了！财富增值了，人们获利回吐，开始进攻楼市。从债市，到股市，再到楼市，无疑是一幅完美的路线图。

韩国楼市由国内国际炒家联手作业。疫情之下，韩国人民见证了楼市的如火如荼。2020 年 7 月，首尔这座城市成了房东们的心之所向，楼市成交 14.1 万套，1 至 7 月累计成交 76.2 万套。韩国的其他重点城市的楼市也是热火朝天。在亚洲率先实现工业化的韩国人民，更深谙“你不理财，财不理你”的道理，深知炒楼是财产性收入的主要来源。但韩国楼市的火爆，不仅是韩国人民在战斗，更是

① 本文发表于 2020 年 9 月 8 日。

世界人民在战斗。外国人买了很多房子。据报道，2020 年 1 至 5 月，外国人在韩国购买公寓 3 514 套，疫情阻挡不住世界人民的投资热情；2017 年 1 月至 2020 年 5 月，中国人在韩国买了 13 575 套公寓，美国人买了 4 282 套公寓。其实，世界人民炒作韩国楼市由来已久。毕竟，韩国楼市有点小盘股的味道，挑几个重点城市炒作一下，氛围就上来了。任凭韩国政府怎样严格调控，也阻挡不住韩国人民乃至世界人民的投资热情。

中国楼市路线图是楼市—股市双“水牛市”。我们有超过 210 万亿元的货币量，约 30 万亿美元，为全世界第一。天量货币之水，在经济形势不稳时一定会追逐资产价格，楼市首当其冲。2020 年上半年，深圳、东莞、杭州等多个城市的楼市波涛汹涌。不是城市政府不努力调控，而是货币之水太猛。7 月 1 日起，在国内外诱因之下，货币之水开始在股市兴风作浪，形成一波“水牛市”。这就形成了楼市—股市的双“水牛市”。但需要注意的是，楼市资金并没有在人们大规模获利回吐后进入股市，只是适当分流了一部分而已。在“房住不炒”“因城施策”的楼市政策引导下，高位徘徊成为一段时期内楼市的特色。毕竟，聪明的钱是很会看脸色的，也是很会伺机而动的。

世界楼市狂欢的背后，是人们对房子所有权的高度信仰。毕竟，这是财富收入来源的根基所在。有恒产者有恒心的道理，放之四海而皆准。

追寻美好生活

吃饭是个大问题

市之美

经济学很有力量

供求缺口：通吃的通行证

价格，向谁致敬？

每个人都是自己的经济学家

老吾老

第一代独生子女的父母开始退休了

第一代独生子女的月光光

让闲暇权飞起来

凡尔赛经济

吃饭是个大问题[①]

1921 年 10 月 27 日，《国富论》的翻译者严复永远离开了这个世界。他于 1877 年 3 月赴英国学习，到海外“开眼看世界”，本来是学习海军与船政事务，不承想接触了《天演论》《国富论》，顿觉震撼，感受到了西方船坚炮利背后的思想力量。

亚当·斯密 1776 年出版的《国富论》，石破天惊地提出了“看不见的手”，市场主导资源配置是西方强大的秘密。“小店主”的力量很强大，支撑英国在滑铁卢打败了法国。

严复听说，1894 年 6 月，28 岁的孙中山怀抱满腔富国富民热情，给李鸿章写了一封信：“欧洲富强之本，不尽在于船坚炮利，垒固兵强，而在于人能尽其才，地能尽其利，物能尽其用，货能畅其流——此四事者，富强之大经，治国之大本也。”严复与孙中山想法是一样的，《国富论》的思想必须让祖国大众知道，要赶快翻译。1900 年前后，严复终于翻译完《国富论》，以《原富》为名出版。现代经济学的标志《国富论》在出版 120 多年后正式和中国握手。

令严复感到怅然若失的是，虽然《原富》在中国已经出版了 20 年，但它似乎没有解决中国的经济发展问题，甚至连基本的吃饭问题都没有解决——不要说普通百姓，就连知识分子的吃饭也成问题了。

严复记得，1921 年 3 月 14 日，自己曾任校长的北京大学等 8 校教职员为抗议当局积欠经费举行了大罢工。吃饭的确是个大问题，无论何人，无论何时，无论何地。严复知道，曾经的同事们在为“吃饭”而斗争，自己在病榻之上，虽无力，但心仍支持。3 月 4 日开滦煤矿千余工人举行罢工，10 月 13 日粤汉铁路武昌、长沙段工人为增加工资、改善生活待遇举行罢工，工人阶级为“吃饭问

---

① 本文发表于 2021 年 5 月 22 日。

题”而斗争。

严复听说，有个叫中国共产党的组织1921年7月23日在上海召开了第一次全国代表大会，这个组织的行动指南就是《共产党宣言》。这个组织就是要带领无产阶级为解决吃饭问题而斗争。在13个会议代表中，有一个年轻人——28岁的毛泽东；这个年轻人在1919年《湘江评论》的创刊宣言中旗帜鲜明地提出：“世界什么问题最大？吃饭问题最大。”

严复心想，中国前进的道路需要探索吃饭问题，发展问题；谁能带领百姓解决吃饭问题，谁的道路就是正确的。忧国忧民的严复溘然长逝。1921年诸多问题还没有答案，只待后人前行解答。

严复没有想到，28年后，新中国成立了；100年后，2021年5月22日，中国都在致敬并缅怀一个人。这一天袁隆平——一个解决“吃饭大问题”的人仙逝了！在社会多元化的今天，大家不约而同地致敬并缅怀一个人，这个人一定是解决大问题的人！严复先生地下有知，遇到袁先生，亦会握手致意。

人已逝，意永存！

市之美[①]

女性的衣橱里永远都少一款服饰，所以女性都爱在商场里搜寻，搜寻那件心中的“不可或缺”，希望“众里寻他千百度”。女性心理效用高，逛街就不觉得累。

那么，一个问题来了：如果你看上一件心仪的服饰，为什么不可以穿起来就走，而必须支付一定的货币呢？每个人都能讲出许多理由，如法律的理由、道德的理由……但另一个问题又来了：你在商场里呼吸着空气，空气对生命不可或缺，你为空气付费了吗？为服装付费的终极理由应该是：生产服装的资源是稀缺的。

这是任何社会都要面临的一个问题：稀缺资源如何配置以满足无限的多元化的社会需要？有人喜欢红色的连衣裙，有人喜欢紫色的长裤，有人喜欢米黄色的风衣，稀缺资源如何配置才能满足人们的这些偏好呢？

比如今年广州流行银色衣服。流行，就是有短期内甚至是指数增长的市场需求。有市场需求，供给跟不上，价格就涨；广州的零售商到杭州的批发商那儿多进货，批发价格就上涨；杭州的批发商到河北的制衣商那儿多进货，出厂价格就上涨；河北的制衣商多买河南的那款布，布的价格就上涨；河南的制布商多买宁夏的那款线，线的价格就上涨；宁夏的制线商多买新疆的棉花，棉花的价格就上涨；新疆的棉农便多种植符合这种款式需要的棉花。

这条生产链真是神奇：新疆棉花→宁夏制线→河南制布→河北制衣→杭州批发→广州零售→广州人民的服装偏好得到满足。新疆棉农可能并不知道广州流行什么，但棉农却把稀缺的资源配置到广州人民喜欢的服装上去。

这是如何实现的？这背后是什么神奇的力量？

这是价格的神奇力量。每一个企业，无论身在何地，都是自主决策的。价格引导着每一个企业进行自主决策。以价格为中心的市场信息的有效运作，把稀缺

---

① 本文发表于 2017 年 8 月 8 日。

资源配置到符合社会偏好的商品上去。当然，自由是你的，自由选择的结果也是你的：判断对了，你就赚了；判断错了，你就亏了；自由是你的，风险也是你的。

在解决稀缺性问题的同时，任何社会都要面临第二个重要问题：人！一个社会激发其成员的积极性至关重要。人是极其复杂的。人性本善，抑或人性本恶，都是人类思维的惰性使然。人性在善恶之间转变，是一个动态复杂过程，在善恶之间，既可能是渐变，也可能是骤变。人性的动态复杂性，决定了社会的复杂性，决定了市场的复杂性，决定了历史进程的复杂性。

一个社会，成员大多积极向上，则繁荣昌隆；一个社会，成员大多慵懒，则低效僵化。昌隆，还是僵化，取决于什么呢？取决于对人的激励。任何社会，人对激励是有反应的。

试想，你到一家饭店吃饭，无论是进店时，还是离店时，迎宾小姐会对你面带微笑。迎宾小姐为什么会对你面带微笑？对顾客而言，微笑的心理效用是高的。微笑，可能是发自内心的，也可能是职业性的，但长时间的微笑也很累，是需要付出成本的。

迎宾小姐为什么可以长时间做出利他的行为（微笑）呢？因为迎宾小姐是理性人，是追求自己的利益最大化的。面带微笑这种“利他”的行为带来回头客，饭店就有了可持续的现金流，迎宾小姐就业稳定了，奖金高了，“利己”的目的也就实现了。

通过做出“利他”的行为实现“利己”的目的；通过“我为人人”，实现“人人为我”，这就是激励相容，这就是和谐社会，这就是一个“全心全意为人民服务”的社会。

到哪里寻找这样的社会呢？在人类的历史长河中，各种制度在竞争，岁月会涤荡掉一切无效率的东西，这既是历史的无情之处，也是历史的有情之处。市场经济制度，不一定是最有效率的，但可能是具有相对效率的。至少，实践是这样告诉我们的：市场经济国家（地区）不一定是发达经济体，但发达经济体一定是市场经济国家（地区）。

市场，就是一个相互打工的世界。我为社会提供更好的产品或服务，市场的货币选票决定我的现金流“有或无”“多或少”，决定着我的生活，决定着我能享受多少“别人为我提供的产品和服务”。

市场，讲的是“和气生财”。为什么我们要细声细气地经营市场？因为粗声粗气会赶走你的货币选票。把别人的钱通过市场，装进自己的口袋是不容易的。马克思说得好：“商品价值从商品体跳到金体上……是商品的惊险的跳跃。这个跳跃如果不成功，摔坏的不一定是商品，但一定是商品所有者。”

市场的美，就在于激励其成员去努力工作，提供更好的产品和服务，去满足偏好，解决稀缺性问题。壮哉市场！

经济学很有力量①

人生在世，无论何时，无论何地，无论是鲜衣华盖之辈，还是引车贩浆之流，都要面临经济学原理的残酷作用。

学过经济学的人都知道最高限价。最高限价，就是政府规定某种产品的价格不得超过某个水平。比如一套房子，最高只能卖500万元，无论此前该房子是卖800万元还是1 000万元。政府的本意是好的，是为了保护购买者的利益，让购买者能以相对低的价格买到心仪的产品。

但经济学老师也教过我们：最高限价也有副作用，比如卖家不愿意卖，买家买不到产品；卖家要搭售产品；卖家要求签阴阳合同，暗地里补差价；地下经济涌现，走私泛滥。经济学老师经常会说一句话：为保护买方利益的最高限价，反而有可能伤害买方的利益。果真如此的话，政府还真有点冤，出力不讨好啊。经济学就是这么暴力，一针见血。

2021年2月8日，被火热的楼市所折磨的深圳，出台了楼市新政，制定最高限价。参考指导价横空出世，二手房交易价不能超过参考指导价。深圳肩负着抑制楼市投机现象的使命，这一次的指导价很有力度，几乎腰斩了部分房子此前的市价。限价这一招，就是直接和对手盘放手一搏，直接缩小投机者想要的利差空间。

但深圳这一次的对手盘还是不容小觑的。这个时代最大的特征是：负债经营。全球奉行的都是：负债，负债，还是负债！货币之水汹涌而来，农不如工，工不如商，商不如投机。投机就要加杠杆、要负债。负债经营是过去四十年全球大投机的基本规律。深圳这一次是和全球大投机的基本规律抗衡，是和全国（乃至全球）资金盘抗衡！

① 本文发表于2021年3月13日。

果不其然，经济学原理发挥作用了。有些业主处于观望状态，暂时不想卖了。有些业主，开始搭售；有些业主则开始签阴阳合同，让购买者私下补差价。限价表面上冷却了市场，实则加剧了暗流涌动。

其实，让投机者发自内心地不炒房，只有一个办法，就是使炒房变得不赚钱。如果千山万水已走过，在房产税未落地之前，那就只有一条路：资本利得税。对住房以外的房子买卖的差价，征收资本利得税，累进税率，甚至可以高达90%。

说白了，差价基本都归政府了，炒房人就无钱可赚了。资本利得税这一招够狠，有可能熨平楼市的沫（楼市不一定有泡，但肯定有沫）。

如果深圳这样做了，投机资金则会转战下一座或下几座希望之城。

供求缺口：通吃的通行证[①]

经济世界，千规律，万规律，供求规律第一条。需求大于供给，价格就涨；需求小于供给，价格就跌，四海皆如此。

芸芸众生，要想合法挣钱，就要发现供求缺口。需求大于供给，就做多（追涨）；需求小于供给，就做空（追跌）。普罗大众，一般缺少做空的工具，不容易利用做空赚钱。但每一个人都可以利用做多赚钱，即低价买高价卖，赚个价差。贸易就是这样产生的——价差套利。可见，一旦出现需求大于供给的机会，供求缺口出现了，挣钱的机会也就来了。供求缺口就是挣钱的通行证。

可是到哪儿寻找供求缺口呢？花花世界，任何事情都可能产生供求缺口。有时候，供求缺口的出现让人意想不到。

2021 年 3 月，因为某些国际品牌的不当行为，我国民众的货币选票涌向了国产球鞋。国产球鞋的供求缺口瞬间出现了：需求快速大于供给，部分国产球鞋断供了。一个做多的机会瞬间出现了。

于是，货币之水汹涌而来，国产球鞋价格就暴涨了。机不可失，稍纵即逝。炒家果断出手，球鞋市场如火如荼。供求缺口的作用，就是这么迅捷。某品牌一双 1 499 元的球鞋，被炒成了 48 889 元。炒家不在乎击鼓传花，不思考最终谁来接盘，只想快速上车。

炒家看到了货币之水汹涌而来，但肯定没有时间思考：货币之水何时以及怎样澎湃而去？

尽管在二手鞋交易市场中，国产球鞋才刚刚起步。但此刻，球鞋已经不是球鞋了，而是变成了一个金融产品、一个被炒作的符号。正所谓上涨的不是球鞋的价格，而是货币量。

---

① 本文发表于 2021 年 4 月 7 日。

一双球鞋，代表了这个激荡时代的商品金融化趋势。这一趋势，无论何人，无论何地，都只能顺应，而不能逆行。这一趋势意味着在赚钱的无限心理需求面前，供求缺口通吃，无论供求缺口源自何方，无论是否出自爱国之心。

即使《人民日报》愤然批评此行为“为大发横财，消费爱国心”，强调“鞋是用来穿的，不是用来炒的”，也不可能改变“供求缺口通吃”这一现象。

的确，供求缺口是赚钱的通行证。近些年，有人炒球鞋，有人炒布偶猫，有人炒盲盒，有人炒积木熊。在货币之水汹涌而来的大势下，哪种商品不被裹挟呢？谁能够不被裹挟呢？请记住，千规律，万规律，供求规律第一条。

价格，向谁致敬？[①]

国庆黄金周，又见车轮海，又见人头浪，又见拥堵。这一次的拥堵有着不一样的意义。这是全国人民以实际行动，向医护人员致敬！人们想消费，想休闲，想美好生活，但不想因疫情而产生距离美。行随心动，人们用出行、用钞票，投出了信任票。

说到致敬，我想起了2020年暑期的产业调研，去到“心中的日月”——香格里拉。仅有一面之缘但神交已久的李大哥热情接待了我们，带我们参观菜市场，走访企业家，走进农村花卉园，讲风俗民情，聊绿植丛生。

最难忘的是烈日炎炎之下，李大哥带我们实地调研了一个很大的正在交易中的松茸市场，我们看到了市场的一派火红景象。李大哥原来也从事松茸生意，后去经营菜市场，一派风生水起。香格里拉的很多居民都认识他，每到一处，招呼连连。的确，人是有感情的，社会资本很重要。

他对松茸的事儿了如指掌，对我娓娓道来。据他所说，松茸料理是日本人心中的至臻珍品。香格里拉的松茸也主要出口到日本。

李大哥讲，松茸出口国外的价格是一场心理博弈战。松茸的价格每天都不一样，因为每天村民进山寻挖松茸的数量是不一样的，松茸的大小、新鲜度等也影响价格。

价格是供求关系的一面镜子。价格每天都在波动，一般来讲市场里的大户具有价格主导权，会商定一个平均交易价格。但他国进口商很聪明，通过高于市场平均价的价格，收购某小户的松茸，让该小户及时告知市场平均价，然后在和大户谈判时压价。

李大哥讲到此时不禁发出一声叹息，松茸市场跌宕起伏，背后却是全球化的

① 本文发表于2020年10月4日。

那根利益之弦在弹动。我无语，却心惊。

2020年疫情冲击，日本市场受阻，松茸转内销，电商的出现一定程度上解了燃眉之急。我们看到了很多快递公司在分包处理。互联网时代的利基市场，值得搜寻。

松茸市场里，李大哥仔细地讲解了松茸的品质分类和新鲜程度，我询问了相应的价格。松茸是纯野生的，不能人工种植。这就天然形成了稀缺性。当天采挖的，与隔天采挖的，价格不一样，味道也不一样；经过冷链运输的，与当天采挖的，价格和味道也有差异。

的确，一分钱一分货，贵有贵的道理，便宜有便宜的缘由。价格很聪明，一般不会说谎，反映了松茸天然的稀缺性。由于了解了松茸及其他菌类的珍贵程度，我们几乎每餐都要吃一些新鲜的菌类。此时，边际效用递减规律暂不适用。当然，多待几天，边际效用递减规律必然生效。

回到广州，我偶到超市，看到一盒两根装的大个新鲜松茸售价一千多元，产地就是“心中的日月”。这令我想起了李大哥，想起了松茸市场。

价格，在向松茸致敬！向稀缺性致敬！向经济学致敬！

每个人都是自己的经济学家[1]

花花世界，每个人都应该成为自己的经济学家，因为经济学是常识，无论何时无论何地，经济学原理的作用就在我们身边。那我们怎么成为自己的经济学家呢?

成为经济学家并不难，把握需求和供给的关系即可。比如，国庆节黄金周就要到了，许多恋人选择佳日走进婚姻殿堂，那钻戒是不能少的。其实，我们一生中，不拥有钻石也没有什么关系，不影响我们的吃喝拉撒睡。但是我们每天都离不开水，这对生命至关重要。这就出现了一个经济学之谜：为什么钻石比水贵呢？这一切都是经济学原理惹的祸。

经济学原理说：稀缺性很重要；你越稀缺，市场为你定的价就越高。显然，钻石比水稀缺多了，钻石的供给是极其有限的，水的供给是相对无限的，所以市场给钻石的定价比给水的高很多。这是供给侧的解释。

同时，稀缺性又是相对于需求来说的。水对生命至关重要，但水对我们而言，仅仅是满足生理需求，我们一天不可能喝100桶水。生理需求毕竟是有限的。然而钻石对于我们来说是身份荣光，是信号显示：我富有，我雍容，我华贵。钻石满足的是心理需求。心理需求是无限的，谁不希望拥有更多更大的钻戒呢?

无限的心理需求（钻石），在有限的生理需求（水）面前当然是容光焕发的。无限的心理需求往往是针对奢侈品，有限的生理需求往往是针对必需品。那么奢侈品在必需品面前当然也是容光焕发的。所以，寻找商机就是要寻找心理需求；刺激心理需求，就是在刺激赚钱的机会。你提供的产品和服务，要能为消费者带来巨大的心理冲击。

---

① 本文发表于2020年9月29日。

若要炒股，我们就得随着经济周期的变化学会在心理需求（奢侈品）与生理需求（必需品）之间择机转换。经济繁荣的时候，我们多买些奢侈品的股票，因为收入较快增长时，人们对价格不敏感了；经济萧条的时候，我们则多买些必需品的股票，因为收入下降时，人们对价格更敏感了，生活很重要。

所以，贵，有贵的道理；廉，有廉的理由。市场是不会轻易骗人的。为什么有人收入高，有人收入低？劳动力市场的定价，绝大部分时间都是有着坚实的稀缺性基础的。大家来到大学进行人力资本投资，就是要提升未来时期自己在劳动力市场的稀缺性。你的稀缺性，取决于你的努力程度。你愿意做一颗钻石，还是做一瓶水，这是一个问题，更是一个必须回答的单选题。你想好了吗？

老吾老[①]

随着国家放开二胎政策，生，还是不生，这是一个问题。这个问题摆在了我们这群20世纪70年代初出生的人面前。

人，为什么要生孩子？加里·S. 贝克尔说过一句话很有意思：孩子是父母的玩具，可以增加父母的效用。现在，再生一个能不能增加效用，这对于我们真是一个问题。

这不仅仅是一个社会学问题，更是一个经济学问题。毕竟，从脑动（政策）到心动，从心动到行动，从行动到胎动，从胎动到婴动，这个过程充满着不确定性。即使是孩子顺利出生，3岁就要进入幼儿园，6岁就要进入小学开始人生的竞赛，在孩子整个生命周期中父母似乎难有出头之日。

贝克尔还说过一句著名的话：教育是最好的避孕药。的确，受过教育尤其是高等教育的人，会从生命周期的角度进行生育决策，生儿育女重在“精”而不在“多”。女性的受教育水平更是起着决定性作用。从人口学和社会学意义看，教育一个男性，是教育一个人；教育一个女性，是教育一家人；女性关系到民族的未来，女性何止半边天，简直就是全部的天！

20世纪70年代初出生的人们此刻有些心有余而力不足，毕竟身体遵循着自然规律，精力和体力逐步开始进入下降阶段。勇敢者选择“生”，多数人选择“不生”，不是不想“生”，而是被动“不生”。

2005年前后，我任教的经济学院里，有几个学生做了一个很有意思的“挑战杯”学术项目——20世纪80年代初出生的大学生生育意愿调查。他们调查了全国9个省份21所大学4 000多名大学生，结果令人吃惊：多数人学生不愿意多生；部分大学生不愿意生；部分大学生甚至不愿意进入婚姻的殿堂。虽然这只是

---

① 本文发表于2017年8月13日。

一个抽样调查，但也反映了部分现实。他们是主动“不生”。

被动，抑或主动不生，这是代际差异，更是社会变迁的真实写照，没有对错之分。从宏观逻辑讲，人们应该选择“生”；从微观个体讲，“生”的硬约束条件太多太强。

记得有一年暑假我回家看望父母，和老爸开玩笑：“老爸，知道吗？‘我’在养着‘您’啊！”老爸是在90年代初退休的，他听了很生气：“我不需要你养！我有退休金！”我笑道：“老爸，别生气，我的意思是，‘我’们在养着‘您’！”老爸说：“什么意思，怎么回事儿？”老爸意识到，学经济学的儿子可能有故事要讲。

我说：“‘我’们指的是我们在职的人，现在工作的人；‘你们’是指现在退休的人。”老爸问：“这有什么关系？”

我说：“老爸，我问您几个问题，想当年您的工资高吗？”答：“不高。基本每月都花光。”我又问：“想当年您有个人退休金（养老金）账户吗？”老爸回答：“好像没有。”我再问：“想当年，您缴退休金了吗？”老爸答：“好像没有。”我问：“您现在有退休金了，您的退休金从哪儿来的？”老爸答：“政府发的。”我问：“政府发退休金的钱，从哪儿来的？”老爸答：“政府的钱，就是政府的钱！”

我笑了：“政府的钱，可不是政府的钱！我们现在工作的人，每月都要缴（不是交）养老金，上网到我们自己的账户一查，数额还不少。但实际上，这些钱只是一个数据，钱已经被政府拿来，给你们退休的人发退休金了。如果领退休金的人多了，在职缴养老金的人少了，就会出现缺口，退休金就不够发了。政府也就没有钱了。”

老爸释然了：“原来是这样啊！”的确，养老金个人账户是从1991年才开始建立的。我继续说：“等我们这些人退休了，就要靠您的孙子一辈来养我们了！”

这段对话，一直存在我的脑海里。的确，社保账户的“空账运行”，是指个人所缴的社保金所有权和使用权在时间上分离。如果使用权的时间差和人口年龄结构变化匹配失衡，那么我们的未来就充满着不确定性了。

随着老龄化的到来，政府需要更多在职的人缴养老金。但如果计划生育政策不放开，随着健康水平和医疗技术的提高，独生子女家庭结构由“4∶2∶1”（一对夫妇对应4位老人）逐步演变成“8∶4∶2∶1”（一对夫妇对应12位老人），养老负担很重啊！

所以，“二胎政策”的放开是及时的，是必须的。但70后的被动“不生”，80后的主动“不生”，90后的“生”或“不生”的不确定性，都意味着我们的健康未来取决于后代的生育决策。

可见，要想很好地“老吾老”，必须很好地“幼吾幼”。家庭如此，国家也是如此。

第一代独生子女的父母开始退休了[①]

2020年就要过去了。这是一个特殊而又神奇的年份。2020减去1960，等于60。1960年前后出生的人，开始退休了。这代人有一个独特的身份：中国第一代独生子女的父母。中国第一代独生子女的父母开始退休了，这是一个标志性的事件。再过10年，这些70多岁的老人中的绝大部分可能要住进养老院了。人们不得不正式面对社会老龄化的事实，这一问题无可逃避了。

1960年前后出生的人、1970年前后出生的人分别是中国第一代、第二代独生子女的父母。这是中国独有的两代人。这两代人，开始不是不想生而是不准生，后来准生了却已不想生。

2030年前后，第一代独生子女的父母开始进养老院。2040年前后，第二代独生子女的父母开始进养老院。这将是一个非常神奇的现象。也许这将是未来的一个产业风口。

这两代人是没有赶上高考扩招政策红利的。考上大学，进而迈上社会塔尖的人是凤毛麟角的。这是社会分层分化很严重进而导致财富差距很大的两代人。这意味着这两代人未来养老的命运差异必将很大：或是进中高端康养社区，或是进普惠康养社区。

当这两代人人到老年或人到中年时，终于理解正态分布了。1960年前后出生、退休或即将退休的人，感受到了收入下降（且未来很难上升）的心灵冲击，终于理解人的一生，随着年龄的变化，收入是正态分布的。1970年前后出生、徜徉中年的人，在新冠疫情和不确定的世界大变局下感受到了收入可能进入下降拐点的恐惧，已经渐悟同龄人间收入是正态分布的，有人富，有人穷，心中自知自身所处位置。

---

① 本文发表于2020年12月6日。

这两代人的子女，呈现出“晚婚晚育”或“晚婚少育”或“晚婚不育”或“不婚不育”或“不恋不婚不育”的现实图景。这意味着“醉里吴音相媚好，白发谁家翁媪……最喜小儿无赖，溪头卧剥莲蓬”的天伦之乐，成为养老院居住的这两代人的心中渴望。人世间的隔辈亲，如同经济学里的复利（利滚利），这种指数倍增的亲情是极其珍贵的，发于血缘，增于后天。

稀缺的隔辈亲得不到充分体验，总会众里寻他千百度，宠物将排浪式地登上舞台。第一代独生子女的父母开始退休了，一个产业风口即将飞起来。

如同很多年轻人专门花钱到宠物店撸猫消遣儿小时一样，这两代人也可能赶潮流去撸猫，养宠物，或玩智能化电子宠物。宠物经济迈向新时代。

2020 年，我们全面脱贫了。但人们心中，还没有脱离温情贫困，甚至可能更加贫困。人们的心理需求是无限的，这是产业长周期的根基。哪里有需求，哪里就有供给。市场无处不在。经济学告诉我们，2020 年将是一个长趋势的起点。

第一代独生子女的月光光[①]

2005年的一天，几个学生找到我，交给我一篇准备参加全国“挑战杯”学术作品比赛的研究报告，请我帮忙修改一下。报告的题目很有意思——20世纪80年代初出生大学生生育意愿调查。

的确，1982年正式施行计划生育政策，假如1983年出生的第一代独生子女在2005年前后进入职场，随后进入婚姻殿堂。这一代人的行为关系着祖国的未来。学生们敏锐地抓住了一个重大现实问题，可喜可贺可赞！

这几个学生调查了全国9个省份21所大学4 000多名大学生，结果令人吃惊：多数大学生不愿意多生；部分大学生不愿意生；部分大学生甚至不愿意进入婚姻的殿堂。虽然这只是一个抽样调查，但第一代独生子女的生育意愿不强确实是现实。第一代独生子女主动“不生”，会产生什么影响？看着报告，我陷入沉思。

突然想起来，2004年某一天，听过我授课的一个毕业生从外地出差到广州，请他的几位在校同学和我一起聚餐。吃完后，这个同学结完账，其他同学按照平摊数额付给这位同学，一切正常坦然，“义利分开”，心动与行动高度一致。我不了解AA制，从来没有实践过AA制，但我一下子理解了AA制的优越性：各付各的，自用自付，心安理得，免得欠下别人请客吃饭的人情债。“自用自付，心安理得，互不相欠”，这是真正的市场理性计算。这份坦然，肯定是多年形成的，第一代独生子女，一定是流行AA制的。

从我们到他们，AA制从不被了解、不流行到坦然、流行，市场的理念精髓正在深入年轻人的内心。这是市场经济体制逐步完善的心理基础、社会基础和人口学基础。

---

① 本文发表于2018年3月10日。

随着20世纪80年代初出生的第一代独生子女进入职场，成立家庭，生育孩子，很多行为模式都发生了变化。这一年，法国巴黎百富勤发布的研究报告认为：进入消费年龄阶段的中国独生子女，有可能给中国带来第三次消费高峰；他们追求消费、不注重储蓄，被称为“月光族”，还“乐意花父母的钱”。

随着第一代独生子女进入职场，月月花光的“月光族”出现了。回想1980年以前低工资但有单位福利、有保障时代，人们也是月月花光，大家都是一样的。

20世纪80年代，随着国有企业放权让利，单位福利有所加强，员工收入增加，大家开始进行炫耀式消费和攀比式消费。

20世纪90年代，国有企业盘活存量资产，员工职位不稳定，收入充满着不确定性，大家开始进行整个生命周期跨式均衡配置消费资源。

21世纪初，独生子女开始出现了月月花光的现象，但这与20世纪80年代以前的“月月花光”完全不同了。

我们必须理性地面对这个飞快变化的世界、这个行为模式多元化的世界、这个代际差异极大的世界。

看到这份报告，我突然想到一个极为重要的问题：谁为我们这一代人养老？独生子女不愿意生了，人口老龄化越来越严重了。老人们的退休金是靠在职的人缴纳的养老金来支付的，有点现收现付制的味道。的确，社保账户的“空账运行”，意味着个人所缴社保金的所有权和使用权在时间上分离了。

如果使用权的时间差和人口年龄结构变化匹配失衡，那么我们的未来就充满着不确定性了。

第一代独生子女成了“月光族”，其储蓄意愿低，货币剩余少，而老人们基本上是负储蓄，花以前的储蓄，这样，整个国民储蓄就很低甚至可能为负，那社会扩大再生产的资本从何而来？10年之后，中国的“月光族”，如何养活中国的退休老人？这些是需要解决的问题！

让闲暇权飞起来[①]

国庆黄金周已经过去了一些时日，但公路的“车轮海”、景点的“人头浪”依然深深印在人们的脑海中，社会各界的热议依然没有消退。有人主张取消黄金周，有人责怪高速免费政策，有人控诉游客的不理性……拥堵伤人心呐！

此事到底如何解决？问题的关键在何处？人生在世，面临两件事情：如何挣钱和如何花钱。

如何挣钱，在于我们如何工作，时间如何配置。工作久了，心理负效用就会递增，人们就需要休闲，身心都需要加油站。

如何花钱，在于我们如何消费。消费可不是件简单的事情，人们要会消费，心理效用才会高。穷的时候，吃饱穿暖就是人们最大的享受。经济发展了，吃穿不成问题之后，人们都想玩，想着娱乐。闲暇就很重要了，心理效用就高了。

闲暇是中产阶级身心的加油站，是对中产阶级勤劳工作的奖励，是一种权利。闲暇是一种权利，那黄金周就绝对不能取消。

闲暇消费，行使闲暇权，最重要的方式就是出游。但出游的时间多集中在黄金周，这就不可避免地出现场面相当壮观的拥堵。问题出现是因为闲暇消费时间的固定性和有限性，闲暇权受到了硬约束。节日的拥堵，导致游客付出了高昂的成本，包括时间成本和心理成本。

怎么解决问题呢？有一次在课堂上讨论该问题，年轻的学子们脑洞大开，提出了很多有意思的想法。

减少需求的办法有：①错峰休年假。单位内部根据员工意愿，在工作可替代的情况下错峰休年假，甚至同事之间可以进行闲暇权交易。该办法缓解了闲暇权的时间硬约束。②游客出国旅行。该办法相当于进口了境外的景点和路网，增加

---

① 本文发表于 2017 年 10 月 29 日。

了旅游点的供给。这是全世界都欢迎的。③景点涨价。该办法关键在于涨价的幅度。涨价幅度过高，能够起到抑制需求的作用，但可能引起人们的愤怒，甚至可能导致旅游收入减少；幅度不高，旅客对价格变化反应不敏感，起不到分流的作用。④提高加班工资。这是用劳动替代闲暇，减少需求。关键在于消费者的劳动与闲暇的替代性，因人而异。⑤景区交通连片联网，车辆进入收费，通过价格筛选机制，分流不需要进入景区的车辆，避免景点过于拥堵。⑥提前预约景点，运用大数据公布出行数据。顾客根据信息，决定是否出行。这依赖永远在线的智能化技术。⑦建设闲暇权交易市场，比如闲暇权可以拍卖。这个有点意思，但如何设计是关键问题。

增加供给的办法有：①多修路。该办法谋求路面承载车辆数最大化，能够缓解一些拥堵。比如，为解决东莞虎门大桥年年拥堵的问题，可以多修几座桥。②发展立体交通。海陆空齐动，汽车甚至可以飞起来。这取决于交通设备的智能化、空中线路的智能化管理和制空权的分配。③高速公路中间隔离带的可移动性。节日初始，人们汹涌而出，出城路堵，进城路空；节日结束，人们澎湃而归，进城路堵，出城路空。中间隔离带可酌情根据车道情况，向左或向右移动。④VR 虚拟景点供给。VR 最大的优势就是身临其境。一批宅男宅女能在家中欣赏美景，增加虚拟供给，分流需求。⑤增加本地娱乐项目供给。每个城市都举办一些当地特色节日活动，分流外地和本地游客。

看来，办法还是很多的。怎样能够普适性地解决问题呢？解决问题的关键是让时间硬约束变为软约束，让闲暇权流动起来。如果闲暇权可以流动，黄金周就会有人退出，就不会那么拥堵了。

人们怎么才能退出呢？闲暇权怎么流动呢？在互联网时代，每人设立一个闲暇权账户，按照国家法定节假日存入闲暇时间，相当于存入了闲暇券，一小时一张券，每天 8 小时。闲暇券可累计，可交换，可流通。总之，闲暇权可以证券化。闲暇权，如同是时间货币。

比如同一单位内部，如果工作可替代，谁最需要闲暇，就花钱买，让不是很需要闲暇的人，退出闲暇消费市场去工作。预期节日会堵，我就不去消费闲暇，先存起来，到非节日的旅游淡季再消费。当然，这需要和工作单位提前协调预约。

我在广州工作，老人在甘肃生活。如果老人需要人照顾，我愿意支付一定的价格（我的闲暇权或真实的货币），购买甘肃 A 君的闲暇权去照顾一下老人。这样，闲暇权就流通了。甘肃 A 君的老人在河南，他可同样支付一定的价格（闲暇权或真实货币），购买河南 B 君的闲暇权去照顾老人。这样，闲暇权可以全国联网流通了。

如果很忙，你想去做义工，但没有时间，可以用闲暇券去交换，愿意去的人获得你的闲暇券。

共享“闲暇权”和网约车、共享单车在逻辑上是一样的。闲暇权的量是固定的（每年都有规定），但消费时间可以是流动的。

总之，让闲暇权飞起来！如果闲暇权可以证券化，我假日宅在家中，也许可以炒一炒闲暇券，小赚一笔，然后在下一个节日，去高速路上体验一下车堵心也堵的真实感觉。当然，我也可能体会不到了——因为路可能不堵了。

凡尔赛经济[1]

说起奢华，集大成者当属宫殿。全世界最著名的五大宫殿是北京故宫、法国凡尔赛宫、英国白金汉宫、美国白宫、俄罗斯克里姆林宫。

1624 年，法国国王路易十三在巴黎西南郊区买下 117 英亩荒地，修建一座二层红砖楼房，用作狩猎的行宫。人生无常，路易十三因骑马落水引起肺炎，于 1643 年 5 月 14 日去世。路易十三没有想到，自己只是想休闲一下的地方却发生了这么多的故事。

年仅 5 岁的路易十四登基后深受母后安娜王后和红衣主教的束缚，直到 1661 年，红衣主教马扎然去世，路易十四才开始真正施展拳脚。路易十四看上了路易十三的狩猎行宫，决定在此基础上修建凡尔赛宫，凡尔赛宫于 1661 年开始动工。1682 年他正式搬进这座宫殿，此后一直居住于此，直到 1715 年去世。同时，他还让王公贵族在凡尔赛宫周边居住，凡尔赛宫成了中央集权地。

其实，凡尔赛宫真正竣工于 1756 年，其占地 111 万平方米，建筑面积 11 万平方米，园林面积 100 万平方米。建筑气势磅礴，正宫、南宫和北宫形成对称几何图案，宫顶雄浑、富有冲击力，外壁雕像栩栩如生。从此，凡尔赛宫成为“奢华”的代名词。

路易十四没有想到，300 年后，凡尔赛宫成为旅游胜地，吸引着全世界的游客，为法国带来源源不断的现金流。《加菲猫 2》真人版动画电影曾在此拍摄取景。凡尔赛旅游经济，就这样呼应了历史。前人栽树，后人乘凉。历史就是这么奇妙。看来，老祖宗留下的东西，还是要好好保存的。

路易十四也没有想到，2020 年，凡尔赛文学、凡尔赛体突然火了。凡尔赛体的套路是表面低调，实为炫耀，说者内心有着抑制不住的炫耀冲动。

---

① 本文发表于 2020 年 11 月 14 日。

为什么会有这样的冲动呢？消费不仅仅是个人的事儿，更是社会的事儿，是关乎面子的事儿。幸福生活就是效用最大化。吃饱穿暖这类生理需求很容易满足，效用有限。面子是心理需求，效用无限。房子、车子、位子、孩子，一切成了面子的舞台。“只要你过得比我好”，变成了“只要我过得比你好”。

马克思曾经提出，消费是人与人之间社会关系的体现。1899 年，凡勃伦在《有闲阶级论》一书中提出，炫耀性消费是一种为了证明财富和权力并获得和保持尊荣的消费活动，成为身份认同、阶层流动的重要方式。1949 年，杜森贝里提出消费具有两种效应：一是棘轮效应，“由俭入奢易，由奢入俭难”；二是示范效应，消费具有模仿和攀比性。人类学家莫里斯·弗里德曼提出，消费是对认同的消费，消费者不仅消费了商品和服务，还消费了“意义”与“认同”。1976 年，赫希提出地位性商品是一种价值强烈地依赖于稀缺性的商品，其稀缺性越高，则价值越大。1985 年，弗兰克对地位性商品进行详细划分，与他人具有强烈对比性的、容易被观测的商品，如汽车、住房、首饰等能很好彰显消费者的地位。

看来，无论是经济学家，还是人类学家，抑或社会学家，都认为凡尔赛经济是消费者的本能。在以国内大循环为主体的新发展格局中，如何激发消费者心中的凡尔赛经济冲动很重要！

财政的力量

税是不是对勤劳的惩罚？

谁让个税如此飞？

美国何时买我们的国债？

那条餐巾纸曲线

减税：几家欢乐几家愁

债可兴国

永续债的想象力

爱国主义资本化

政治算术

税是不是对勤劳的惩罚？[①]

婴儿在出生的那一刻起，用了人生第一块尿片，就意味着他（她）是纳税人了，因为尿片的价格中包含税。

在大千世界里，税可以说是多种多样，直接税、间接税、流转税、所得税，财产税；增值税、营业税、消费税、房产税……

无论是在生产环节征收，还是在消费环节征收，无论是缴个人所得税，还是购买尿片，税，归根结底是由消费者承担的。

有人说，我国税收总量中，超过90%的税是与企业有关的，个人所得税不到10%。但要知道，与企业有关的税，最终都会转嫁到消费者身上。消费者负担全部的税，这是放之四海而皆准的定理。

人生在世，只有死亡和税是确定的。这是有道理的，这描述了一个事实、一个从产房开始的事实。

人们说到税的时候，说的是“缴税”，而不是“交税”。缴，代表的是税的强制性，其背后是法律在支撑。如果人们应该缴而不缴，那么，对不起，法律伺候——因为税收法定。

我们为什么必须缴税？因为我们的自由依赖于税。有人问，“我一切自给自足，自建房，自种粮，自打井，自种菜，不与政府打交道，为什么要缴税？”但如果你把生活用水倒入下水道，你就和政府打交道了——下水道是公共物品，是纳税人通过政府修建的。

缴税，当然背后也是交易，纳税人缴税就是要享受好的公共物品和服务，只不过这种交易是纳税人和国家机器之间的交易。

每天清晨，早早起床，深呼一口气，努力！加油！上班去！人们努力工作，

① 本文发表于2017年12月22日。

就是为了美好的生活。每一个人为美好生活而奋斗，为社会提供更好的产品和服务，获得收入，才能获得美好生活。勤劳勇敢的人们并没有意识到，一天的缴税历程也就开始了。多缴一分税，就少了一分可支配收入，收入预算约束线就要向左移动，消费组合的选择空间就缩小了。要知道，选择范围的扩大才意味着福利的增加。纳税光荣，人人都是纳税人，人人都光荣！但纳税是把蛋糕切去一块，这是真真切切的，福利受影响也是真真切切的，虽然税收可以提供公共服务。

对普通百姓而言，每个人的收入都是其勤劳和才华的折现。税收则是一种“负折现”。勤者多劳，能者多劳，多入多税。

历史真是有意思。曾几何时，满世界都是“税胖子”。但今日，环顾全球，减税大势已起，税要变成“小蛮腰”。商人也好，百姓也好，谁不喜欢减税呢？这是一个朴素的常识！

人们不是不愿意缴税，而是不愿意缴重税。是不是重税？政府说了不算，商人和百姓的感受才说了算；环顾世界，横向一比较就知道了；回顾历史，纵向一比较也能知道。更何况，当年政府设计税率时，考虑到“跑、冒、滴、漏”税会导致征收率低，就把税率定高了，比如本来应是20%，考虑到征收率低，就定为30%了——高税率，低征收率。现在，随着互联网和智能化，金税工程已经把征收率提高了，政府还按照30%征收，就不合适了。未来迈向“低税率，高征收率”，这是还本清源。

治大国，就是要为民众提供繁荣与安全。安全（或者自由）依赖于税，繁荣却是要靠减税，因为繁荣的背后，必然是社会成员的勤劳和努力！积极向上的社会成员，是活力的源泉！

谁让个税如此飞？[①]

财政部公布了2018年上半年的账本。在令人眼花缭乱的数据中，人们被一组数字亮瞎了眼。2018年1至7月，个人所得税收入9 225亿元，同比增长20.6%。

一时间，舆论哗然。其实，个人所得税近年来乃是一路飞扬！你看个税规模，2013年为6 531亿元，2016年就突破1万亿元。2018年1至7月的个税就超过了2015年全年的个税。你看个税增速超速再超速，超12%，超16%，超18%，超20%。

谁让个税如此飞？

娱乐圈明星的“阴阳合同”大白于天下时，人民群众惊呆了，错愕得掉了下巴。人民群众的力量是巨大的，互联网为人民群众的力量插上翅膀。明星们一看舆论形势不好，赶紧跑到税务部门，该缴多少就缴多少吧。明星们要缴的应该不是一个小数字。明星们突然理解了缴税是强制性的。看来，2018年1至7月个税增长超过20%，娱乐圈是作了“贡献”的。

现在的世界是一个相互打工的世界。每一个人都可能打几份工。但无论打多少份工，每个人的身份证号就只有一个。那几份稍显可怜的薪酬，被汇集到一个账号下，加总了，纳税吧，别忘了累进制呀。薪水要纳税，劳务报酬要纳税，经营收入要纳税……有了互联网，有了金税工程，有了电子支付，每一个人的银行流水就清清晰晰、明明白白了。尤其是2013年中央推行八项规定以来，现金少了，银行转账多了，每一笔都要记录身份证号了。

2018年7月底，中国的广义货币量已经达到177万亿元，比2017年底的167万亿元增加了10万亿元。这么多的钱，总是要分布到微观行为主体和机构手中，

① 本文发表于2018年8月15日。

总是要渗透到经济系统的毛细血管中；总会通过这样那样的渠道变成单位绩效，变成个人绩效，变成个人所得。钱多了，收入多了，缴的税就多了。货币飞扬，带动了个税飞扬！

个税飞扬源源不断、似乎永不枯竭的动力就是个人所得税的累进制。看看自己的薪水吧，如果每月超过了3 500元，超过的部分，对照累进制税表吧。如果有幸你的工资增长了，恰好到高一档的税率，增加缴税的数额，可能超过工资增加的数额。

如果你干点小买卖，有了经营收入，对照税表，所得税适合哪一档税率呢？有没有升到高一档税率？如果你多才多艺，那你的劳务报酬可能多了，所得税也就多了。

谁让个税如此飞？娱乐圈的“贡献”是偶发的，普通人的贡献则是常态的。规范纳税是应该的。货币量的贡献是经济决定税收的基本规律在起作用。

美国何时买我们的国债？[①]

金融这个东西，并不是什么高大上的玩意儿，而是个很有趣的事儿，3 岁小孩子也懂得玩金融。

小明是个 3 岁小朋友。他有个苹果，还没吃。我问："小明，这个苹果，给叔叔吃，可以吗?"他说："不行，我要吃。"看来，小孩子不愿意无偿转让东西。

我问："那你给我吃，明天叔叔还你 1 个苹果。"他说："不行，我今天就要吃。"看来，小孩子不愿意"1 个苹果交换明天的 1 个苹果"。

我问："明天，我还你 1 个苹果，再加 1 颗葡萄。可以吗?"他犹豫了一下，回答："不行，我今天想吃。"看来，小孩子心理在斗争，但还是想现在吃。我需要增加力度："再加 3 颗葡萄，可以吗?"他犹豫了，没有马上回答。

我赶紧说："明天还你 1 个苹果，再加 6 颗葡萄。"他这次没有犹豫，立刻说："好。给你苹果。明天别忘了还苹果和葡萄。"成交！

这 6 颗葡萄是什么？这是孩子的时间偏好（Time Preference），这是利息的心理学基础。这是孩子金融逻辑的本能意识。

为什么要多 6 颗葡萄？人的心理就是及时行乐的。小明今天失去了及时行乐的机会，心理效用是负的，是需要补偿的。6 颗葡萄就是对小明的补偿。

金融也是这样，今天和明天的价值交换。金融就是折现器，对于小明来说，明天的 1 个苹果、6 颗葡萄，折现到今天，就是 1 个苹果。

这个苹果可能是国债。国债是什么东西？国债玩的就是金融，就是一个折现器，政府把未来的财政收入流作抵押，折现到现在花。

这个苹果也可能是股票。股票是什么东西？也是一个折现器，就是以企业未

---

① 本文发表于 2017 年 10 月 11 日。

来收入流作抵押，募集资金，现在花。

把未来的钱，拿到今天花，今天就可以干一些大事情，比如修路、建桥、架电网、铺水利系统。要不然，这些事情可不容易完成。马克思说得好："假如必须等待积累去使某个单个资本增长到能够修建铁路的程度，那么恐怕直到今天世界上还没有铁路，但是，通过股份公司转瞬之间就把这件事完成了。"

比如，我就是政府，发行苹果债券，承诺到期还本付息；普罗大众就是小明，用苹果买债券，到期收回苹果和葡萄。

小明为什么会买我的债券？因为小明相信我，相信我会还本付息。小明为什么会相信我？因为我是政府，有税收收入，一定会有收入流，一定可以还本付息。为什么政府会有税收收入？只要企业生产良好，有交易，有收入，有利润，就会有税收收入。企业通过缴税，购买公共服务。这公共服务，是政府代表纳税人提供的。企业生产力越高，税收收入就越有保障。

小明买国债，是对发债经济体投了信任票，是对发债经济体的企业投了信任票。如果发债经济体的企业生产力高，还本付息就有保障，债券风险就低，那付的利息也就低。企业越好，发债利息就越低。

美国为什么可以全球发债？因为有人愿意买。为什么愿意买？因为人们相信美国政府一定会还本付息。为什么会相信？因为人们相信美国企业生产力高。

美国企业的高生产力，保障了美国政府可以以很低的利息花全世界的钱。当年英国也是这样。第一次工业革命为什么发生在英国？那要感谢伊丽莎白一世：她重组了国家金融，使英镑平稳走过令人惊叹的300年路程。这让投资人感到安全，政府就可通过发债借款扶持工业发展，不再受短期内税收水平限制。历史学家理查德·艾伦贝格曾说："如果不是1693年到1815年发行9亿英镑国债，英国就不可能成为今天的大不列颠帝国，不可能把半个地球征服在脚下。"

我们什么时候可以全球发债？什么时候全球人民会争相买我们的国债？如果全球人民争相买我们的国债，这就是对我们的经济投了信任票，对我们企业的生产力投了信任票。我们的企业生产力越高，我们的债券利息就越低，我们花全世界人民的钱的代价也就越低。这一天正在到来，人民币债券在海外越发受欢迎！

那条餐巾纸曲线[①]

近期美国频频放大招：美联储宣布加息和缩表之后，总统特朗普又紧接着宣布了减税方案：企业最高税率由35%降至20%；个人所得税最高税率从39.6%降至35%，个人税阶从7级减为3级（12%、25%及35%）。

这一方案又一次激起了千层浪，或扬或抑，国际税收竞争的议论又起。的确，任何政策都是利益的分配书，有人受益，有人受损。只有人受益而没有人受损的政策虽然有，但也是鲜见的。

特朗普的减税政策，又一次让人想起了20世纪80年代初期美国总统里根的供给主义政策。当年，经济学家拉弗在一张餐巾纸上画的一条曲线（拉弗曲线），被里根总统采纳，从而改变了世界。

这条餐巾纸曲线的意思是一般情况下，提高税率能增加政府税收收入；但税率提高超过一定限度时，企业经营成本提高，投资减少，收入减少，税基减小，反而导致政府税收减少。

演员出身的里根总统对此深有体会。当演员时，他每年完成4部电影后便不再工作而选择度假，因为若继续工作，所得收入的绝大部分将用于缴税。高税率伤害了人们的工作积极性，也就伤害了税源和税基。里根演出第5部电影的收入90%要缴给政府，所以他不愿多演。供给主义的大旗在19世纪萨伊定律（供给自动创造自己的需求）提出百年之后，在20世纪80年代再一次飘扬起来，其核心就是激励经济活动。

企业家出身的特朗普、演员出身的里根，都对税有着天然的心理敏感性。特朗普的减税政策，是供给主义传统的延续，核心是追寻企业家。

多数人认为，特朗普减税的底气就在于那条餐巾纸曲线，减税促进企业提高

① 本文发表于2017年10月1日。

生产积极性，税源和税基都会扩大，带来一定的税收增加。

其实，特朗普减税的底气不仅仅在那条餐巾纸曲线，更在于美国政府有钱花。美国政府为什么有钱花？

比如，我有一个企业，生产服装出口到美国，挣回 100 万美元。这 100 万美元，我放在什么地方？按照结售汇制度，我卖给中央银行，中央银行按照当前汇率付钱给我。中央银行的外汇储备就增加了 100 万美元。这 100 万美元，就放在那里，有些可惜，还是拿去投资吧。投到什么地方呢？如果中央银行拿去买美国国债，那么这 100 万美元就又回到美国了。从宏观上讲，美国人民用了很低的国债利息，就可以消费我方价值 100 万美元的生产资源，我方得到的是债权收益。

如果故事就此停止，还不可怕；可怕的是，故事还在继续。美国政府全球发债，政府就有钱花了。在纽约曼哈顿区第六大道上，一个国债钟持续更新着数据，显示目前美国国债总额以及每一个美国家庭所负担的债务金额。当前债务总额约 20 万亿美元，其中外国人就购买了约 6 万亿美元。

政府有钱花了，就给企业减税，美国企业就笑了，可支配利润增加了。企业有了钱，为了赚更多的钱，就跑到海外投资，投资我的企业，占了 40% 的股份。如果我一年挣 1 亿元，就要有 4 000 万元汇回到美国。美国人挣的是股权收益。

股权收益高于债权收益，这是一个基本常识。这是轻轻松松挣大钱呀！这也是美国常年净出口为负的秘密所在。每年，美国进口花的钱多，出口挣的钱少，那进口的钱从哪儿来呢？那就要靠投资赚钱，靠资本收益，靠股权收益。美国的国际收支平衡表，经常项目为逆差，资本项目为顺差，秘密就是如此。

美联储通过加息和缩表，投了美国经济信任票，就是因为美国很快走出了金融危机。走出金融危机影响的经验之一是：美国公司约有三分之一的利润来自境外。

特朗普减税的底气，就是美国在全球挣钱的能力。这也是别的国家难以随之减税的原因所在。

特朗普减税的目的，就是让企业家不仅在全球挣钱，还要在美国挣钱。毕竟，正是美国的“锈带”（工业衰退区）人民把特朗普送上了总统宝座。企业家在美国挣钱，“锈带”人民就有活干了。

减税：几家欢乐几家愁[①]

经济学大师米尔顿·弗里德曼用一句话总结了经济学的要义：天下没有免费的午餐。这句话如果反过来理解：如果天下有免费的午餐，最终，一定有人为此买单。免费的背后，存在着交叉补贴。所以，当“天上掉下个馅饼”的时候，可能有人欢喜、有人忧愁。

2018年3月28日，企业家们兴高采烈，因为这一天，国务院宣布：5月1日起制造业等增值税率从17%降至16%。突降甘霖，虽然雨量不大，但企业期盼很久的春雨终于要下了，这场雨是政府在“让利”啊！

从理论上讲，增值税是环环相扣的，整个生产链条的各个企业应该是普惠的。春风化雨，每一个企业都应该共享甘霖。然而，我经常听到企业家们说：税，还是不要乱动！每一次的减税，似乎都变成了痛苦！任何政策变动，都是利益的分配书，有人受益，有人受损。减税的背后有着令人心酸的故事！

多位制造业企业家说：增值税下降一个百分点，下游客户立刻要求价格下降一个百分点；然而上游客户价格没有下降。这样，这些企业不但没能享受减税甘霖，反而损失了利润。不算不知道，一算吓一跳。

企业A从上游客户购买一批元器件，花了1万元。生产制造加工后，卖给下游客户，收入1.2万元。

如果增值税率17%，进项税10 000×17%，就是1 700元。销项税12 000×17%，就是2 040元。进项抵扣后，纳税340元（即2 040－1 700）。企业A利润为12 000－10 000－340，就是1 660元。

如果增值税率16%，进项税10 000×16%，就是1 600元。销项税12 000×16%，就是1 920元。进项抵扣后，纳税320元（即1 920－1 600）。企业A利润

① 本文发表于2019年1月28日。

为 12 000 - 10 000 - 320，就是 1 680 元。

增值税从 17% 降至 16%，企业 A 税少缴 20 元，利润增加 20 元。这是多么好的事情啊！然而，企业 A 能拿到这 20 元钱吗？

下游客户立马要求企业 A 产品降价 1%。似乎有道理呀，然而企业 A 降价 1%，却产生了意想不到的后果。降价 1%，则 12 000 × 99% 为 11 880 元，按照 16% 税率，进项税依然为 1 600 元。销项税 11 880 × 16% 为 1 900.8 元。企业 A 实际纳税 300.8 元（即 1 900.8 - 1 600）。企业 A 利润为 11 880 - 10 000 - 300.8，则为 1 579.2 元。企业 A 的利润竟然下降了！下降的幅度还很大！

如果没有减税，利润 1 660 元；如果减税不降价，利润 1 680 元；如果减税降价，利润只有 1 579.2 元，利润下降了 80.2 元，降了 4.87%。怪不得企业 A 叫苦连天！企业 A 不但没有享受减税甘霖，反而白白损失了一大块利润！

那企业 A 不降价行不行？如果下游客户很有市场势力，企业 A 就不得不低头了！企业 A 知道市场很重要，渠道很重要！企业 A 要求上游客户降价如何？如果上游客户很有市场势力，企业 A 也只能有苦自己咽了！

本来属于普惠性质的减税甘霖，却成了市场势力的利益分配！市场就是这样，话语权很重要！记住：任何政策变动，都是利益的分配书，有人受益，有人受损。

中央政府的好意“让利”，为什么导致了这样一地鸡毛。根源在于什么地方？能不能扫清这一地鸡毛？我们很难说这是市场势力的错！我们只能想，如何不让市场势力发挥作用？这一地鸡毛的根源在于：增值税，是间接税，是流转税！一个环环相扣的增值税减负红利，就这样被市场势力瓜分了！

如此看来，间接税制还是改成直接税制好，一切明明白白。看来，作为直接税的企业所得税减负，更为明明白白！扫清一地鸡毛分两步：间接税变直接税，企业所得税减负。

调研时，企业家说：“税制，就是企业家的经济宪法。税制变动，可不是一件简单的事儿。”政府政策，很难有大水漫灌。所有的大水漫灌，都变成了精准浇灌。政府政策到底精准浇灌了谁？有时候，政府说了，不一定算！

债可兴国[①]

人世间，唯一不变的，就是变；唯一确定的，就是不确定性的存在。2019年，人们似乎对不确定性充满着恐惧，以至于人们唯一恐惧的就是恐惧本身。其实人们大可不必如此恐惧。在历史的长河中，2019 年，也许是 a year of no significance。

既然恐惧源于不确定性，那就找一找确定性吧。确定性越多，恐惧就越少。2019 年还是有很多明明白白的确定性的。无须遥望，它已经来了！

2018 年 12 月底，十三届全国人大常委会第七次会议做了一个重大的利好决定：在 2019 年 3 月全国人民代表大会批准当年地方政府债务限额之前，授权国务院提前下达 2019 年新增地方政府债务限额 1.39 万亿元。其中，新增一般债务限额 5 800 亿元，新增专项债务限额 8 100 亿元。

为什么是重大利好呢？一是因为“提前下达”。本来是 3 月“两会”之后的事儿，提前 3 个月就开始做了。二是因为数额让人充满期待。翌年 3 月全国人民代表大会将批准多少当年地方政府债务限额，尚不得而知。要知道，2018 年全国总共发行地方政府债券 41 652 亿元。这一次提前下达 1.39 万亿元，还是挺可观的。2019 年 1 月 9 日，全国人大常委会要求：对已经全国人大授权提前下达的 1.39 万亿元地方债要尽快启动发行；抓紧确定全年专项债分配方案，力争 9 月底前基本发行完毕。

新年新气象，中央政府的行动是迅速的。地方政府的行动更为迅速。从 1 月 21 日首只地方债——2019 年新疆一般债券（一期）开始发行，到 1 月 31 日，24 个省（自治区、直辖市、计划单列市）地方政府债券发行 95 只，发行规模约 4 180 亿元，而往年 1 月这一数字为零。2019 年，最大的确定性来了：政府那只

---

① 本文发表于 2019 年 2 月 13 日。

“看得见的手”带着巨额资金来了，更好地发挥政府作用。

政府债券是一个折现器，把未来财政收入流作抵押，折现到现在花。把未来的钱，拿到今天花，今天就可以干一些大事情，比如修路、建桥、架电网、铺水利系统。要不然，这些事情可不容易完成。所以，政府如果把这个工具用得好，威力还是很大的。比如19世纪的英国，历史学家理查德·艾伦贝格曾说，“如果不是1693年到1815年发行9亿英镑国债，英国就不可能成为今天的大不列颠帝国，不可能把半个地球征服在脚下。”

比如美国建国初期，亚历山大·汉密尔顿的天才构想居功至伟：“国债如果不发行过度，它将是国家的福祉、联邦的强力黏合剂、维持税收的必需品和工业的催化剂。”有时候，天才构想，也是不得已而为之。汉密尔顿是为解决问题而提出这一构想。1790年的美国，还是一个农业国，国库空空，联邦政府债务高达5 410多万美元。这可是一个巨大的负担，怎么办？汉密尔顿想到了“利己主义”：赋予政府债券稳定品质，满足公债持有人的利益。这一世俗哲学把美国推到了工业和财政发展的高速公路上。

政府偿债的两种任选方式很有意思：一是认购者可以将投资额的2/3作为未来的养老年金，或者每年获得6%的利息补偿另外1/3的本金，可以每英亩20美分的价格购买西部土地；二是认购者将全部投资额作为养老年金，或者每年获得4%的利息，如果利率下跌，可以特定优惠价格购买土地。其结果就是，投机商迅速跑到全国各地收购债券。

虽然1776年亚当·斯密出版《国富论》，把“利己主义”升华到“看不见的手”的高度，但1790年的美国，读过《国富论》的人还是很少的。汉密尔顿已经在天才式地践行着《国富论》。更为重要的是债券持有者多是有产阶级，可不希望当时摇摇欲坠的联邦政府解体。汉密尔顿的天才构想，夯实了联邦组织的微观基础，才有了未来强大的美国。这是未来哪一个诺贝尔经济学奖获得者都难以匹敌的！

2019年，我国地方政府债券扑面而来，即将演绎轰轰烈烈的“地富论”。要知道，当年提出的“去杠杆”，那主要是去债务杠杆，尤其是地方政府债务杠杆。“去杠杆”那一下，把地方政府打得有点懵，毕竟没有钱，日子就很难过。其实，“去杠杆”并没有厘清“斩不断理还乱”的地方政府隐性债务。显性债务是确定的；隐性债务却是具有不确定性的“地雷”。

2019 年的地方政府债券是明明白白的：2018 年底，财政部发布《地方政府债务信息公开办法（试行）》，对地方政府债务信息公开提出详尽、具体的要求，加大政府债务信息公开力度。地方政府债券如果能够逐步实现，显性债务替代并消化隐性债务，那是造福子孙的重大利好！1 月地方债的红火景象，让人充满期待。3 月就要到了，全国人民代表大会会批准多少地方政府债务限额呢？应该不会低于 2018 年实际发行的 4 万多亿元吧。想一想，都让人兴奋：如果财政支出乘数是 3 的话（当前的货币乘数已经超过 5 了），4 万多亿元的地方财政支出，那就是 12 万亿元的经济活动量，甚至更多。2019 年中央政府的国债规模，我们还没有算进去。我们还等什么，行动吧！

永续债的想象力[①]

最近，我非常喜欢听一首歌：Take Me to Your Heart。我喜欢把它翻译成：心相随。有两句歌词有点意思：They say nothing lasts forever（人说，无物天长地久）；Love is now or never（爱在当下）。

歌声表达爱的急切，正好切中了商人的心怀。要证明“Love lasts forever”（此爱天长地久），总要有些东西。这个商机，珠宝大王戴·比尔斯早就先行先试了。1888年创设的戴·比尔斯公司在1947年推出了一句广告语：A diamond is forever。一句话风靡全球，钻石代表爱天长地久啊！可是，这句话中文应该怎么翻译呢？有位神人充分展现翻译“信达雅”的魅力：钻石恒久远，一颗永流传。这句话，从香港传入内地，正赶上内地奢侈品消费的崛起。钻石和爱情两大市场，各自的供给和需求，快速相遇了。珠宝商们喜气洋洋！

其实，人世间还有一件东西比爱情还要长久。那就是永续债券。永续，即没有明确的到期日，持有人可按期获利息，但不能要求清偿本金。

这是英国政府发行公债的创举。国债是把未来的财政收入拿到现在来花。这一下子解放了英国政府的想象力，大刀阔斧地支持产业发展，工业革命就发生了。因为英国公债券有条金黄边，所以又称“金边债券”。金边债券有好多种，最长期的那个就是永久债券：不规定偿还期限，定期支付利息。

付息不还本，可以减轻短期资金压力，真是个好东西！我国企业也可以发行这个东西了。比如，一家房地产商，只要符合条件就可以发行永续债。这个好啊，不用还本，只需付息即可！如果付息日不付息，延迟到下一期再付，行不行？可以啊！但是这家企业就不能分红了，不能进行某些资产组合了。

银行也是可以发行永续债（或类永续债）的。永续债还有一个大好处：在

---

① 本文发表于2019年1月31日。

财务表上不算债务，算权益。这多好啊！发行永续债，资产负债率还会降低！谁是永续债的购买人呢？谁有钱谁买呀。银行，就是用钱玩钱，用钱赚钱。买买永续债，赚赚利息，轻轻松松的，可是银行买了永续债，资金就被占用了。银行可是要为广大人民和企业提供融资服务的，没钱提供服务，可是不行的。怎么办呢？

商业银行可以找中央银行！为提高银行永续债（含无固定期限资本债券）的流动性，支持银行发行永续债补充资本，中国人民银行在 1 月 24 日决定创设央行票据互换工具（Central Bank Bills Swap，CBS），公开市场业务一级交易商可以使用持有的合格银行发行的永续债从中国人民银行处兑换央行票据。

何谓央行票据？央行是要为全国人民负责的：经济过热，就要回笼货币；经济过冷，就要投放货币。可是怎么回笼或投放货币呢？发达国家的中央银行买卖国债，就可以把这项工作顺利完成了。可是我国国债市场还不成熟，中央银行不好操作呀。这可难不倒中央银行！中央银行自己发行票据，银行购买，到期后还本付息。中央银行想回笼货币，那就发行 100 亿元的票据。银行买了，就把 100 亿元交给中央银行，货币就回笼了。票据到期了，中央银行还本付息即可。对中央银行来说，事情就是这么简单！

央行票据和 CBS 又有什么关系呢？银行买了永续债，占用了资金，发行人只付息，不还本，久久无期啊。银行能不能把永续债券变成短期的，以短期回本呢？中央银行的 CBS，就是要帮助银行解决这个难题。

央行票据互换工具（CBS），就是说，公开市场业务一级交易商可以用持有的合格银行发行的永续债，从中央银行那儿兑换央行票据。CBS 就是用一个无期的东西换一个短期的东西，就是把永续债换成央行票据。永续债流动性弱，央行票据流动性可是很强的。

金融就是这样充满着想象力！

爱国主义资本化[①]

说起喜剧，人们会不由自主地想起查理·卓别林。他的神情、帽子、胡子、裤子、鞋子，就令人很难忘记。出生在英国的卓别林，因其喜剧天赋被猎头天价挖到了美国。一时间，这个美国喜剧界的宠儿风光无量。

然而，1917 年，卓别林遇到了一件突如其来的不顺心事儿。他第一次遭到了美国媒体的猛烈攻击。原来，1917 年4 月，美国加入了第一次世界大战。威尔逊总统发出了号召：为保卫世界民主而战。人民群情激昂。前方战士抛头颅洒热血，后方滑稽剧娱乐至死。在爱国主义空前高涨的浪潮下，媒体就枪打出头鸟，瞄准了喜剧天才卓别林，批评他没有积极参战、没有为战争作贡献。人红是非多呀！卓别林心想，回应批评的最有力的行动就是为战争做点事儿。可是自己就是一个演员，手无缚鸡之力，上不了战场，能做点什么事情呢？那就为战争拍一部喜剧吧，鼓舞鼓舞士气。拍什么内容呢？当然是国家需要的、符合主旋律的！

有一天，卓别林听了美国财政部部长麦卡杜的一篇讲话，茅塞顿开，立刻确定了喜剧内容。麦卡杜说，战争是要花钱的，钱从哪儿来呢？从人民那儿来，但政府不是白花人民的钱，而是暂时借人民的钱，未来是要还人民钱的，而且是还本付息。所以，政府发行了战争债券，希望人民积极购买战争债券。买债券，就是爱国；爱国，就是买债券。具有企业家精神的麦卡杜果然很厉害，把爱国主义资本化了。

但千万别和美国人谈钱，一谈钱，美国人就可能不高兴了。如何激发人民购买战争债券的积极性呢？麦卡杜的战略很清楚，但他很头疼，怎么才能让美国人民理解债券的爱国主义意义而踊跃购买呢？麦卡杜头疼的事儿，没想到卓别林帮他解决了。

---

① 本文发表于 2020 年 3 月 31 日。

卓别林心有使命，责无旁贷，就拍了一部喜剧《债券》，讲述人民购买债券的行为是如何支持战争，怎样实现爱国的。人民就这样被动员起来了。具有企业家精神的麦卡杜很善于营销，乘胜追击，邀请美国土生土长的红星道格拉斯・范朋克和他的妻子“美国甜心”玛丽・碧克馥一起为战争债券呼吁。一场巨额债券集会，一个爱国主义资本化的舞台，就这样进入了人民心中。

1917 年，财政部部长麦卡杜、喜剧大师卓别林就这样联手奉献了一场爱国主义资本化的大戏，把战争融资的事儿解决了。

2020 年，面对新冠肺炎疫情，整个地球村都在行动。全世界抗疫者联合起来。各国中央银行、财政部纷纷祭出资金大旗，一时间，货币万箭齐发。君不见货币之水天上来，奔流到海不复回。但是，有些人就不理解了，他们觉得这解决不了问题，反而造成物价上涨、通货膨胀、货币贬值。

长期看，这是对的。凯恩斯说得对：“就长期而言，我们都死了。”当下冲击，需要即时应对。我们要意识到疫情冲击下，国家最怕经济社会被“熔断”，尤其是怕资金链“断流”。此刻，我们亟须把人民的思想统一到防“断流”上。只要人在，企业在，千金散尽还复来。如何让人民理解货币之水天上来的爱国主义的意义呢？看来，我们需要新时代的卓别林，拍一部喜剧电影《货币》。谁来担当大任呢？是我，是你，还是他？你准备好了吗？

政治算术[①]

1690年，英国出版了一本书，掀起了层层涟漪。这本书叫《政治算术》，作者是威廉·配第，书出版的时候，配第已经仙逝了。他的儿子经国王批准，出版了这本书。出版一本书为什么要经过国王批准呢？

因为政治算术这个词是很有爆炸性的。配第的儿子说："这本书，先父提名为《政治算术》，因为凡是国家治理以及同君主荣耀、人民幸福以及繁盛有关的事项，都可以用算术的一般法则加以论证。"

其实，1676年，配第就写了《政治算术》，对英国的国民经济进行了核算。配第将英国的国民经济核算数据与荷兰、法国进行比较，结论是英国可以和荷兰、法国匹敌。

《政治算术》好像是一篇宣战文章：让英国摆脱自卑与恐惧，不再害怕法国。配第的文章很快传到了法国，引起了轩然大波。英国人比较谨慎，所以配第的书在其生前没能出版。但配第的国民经济核算方法得以流传，引起世人关注和探索。直到18世纪末期，政治算术才被统计学概念所替代，后来就有了GDP（国内生产总值）等国民经济运行指标。

配第警醒世人：政府可以根据经济数据来治理国家；政治算术，是权力的来源之一。配第践行了培根的那句名言"知识就是力量"。

2019年第一季度经济数据出来了。一季度GDP 213 433亿元，按可比价格计算，同比增长6.4%。这几个数字该怎么解读呢？

可比价格，是什么意思呢？2018年一季度GDP 198 783亿元。各年GDP是按照当年价格计算的，叫做名义GDP。那么，两年一季度名义GDP增量为14 650亿元，名义上增长了7.37%。可是，不同年份价格不同，怎么比较呢？如果比较名义增长率，省长、市长们就不用操心实体经济了，直接推高本地区价

① 本文发表于2019年4月18日。

格水平就可以了。显然，这是不行的。这时候，可比价格上场了。

可比价格（又称不变价格），是为计算不同时期 GDP 而采用的某一固定时间的价格。比如，2019 年一季度的产品和服务，采用 2018 年一季度的价格，计算价值，核算出 GDP。这叫实际 GDP。两个年度的产品和服务价值，用同一价格进行计算比较。

可是，问题又来了：名义增长了 7.37%，实际增长了 6.4%，二者相差 0.97 个百分点。这相差的 0.97 个百分点，就是价格惹的祸。从历史看，这个祸并不大呀。名义增长率与实际增长率差额，2016 为 1.18%，2017 年为 4.00%，2018 年为 3.09%。价格惹祸背后，又有什么故事呢？

价格上升，就是太多的货币追逐太少的商品。供求关系是根本。2019 年 3 月末，广义货币量 M2 余额为 188.94 万亿元，同比增长了 8.6%。2018 年 12 月末，M2 为 182.67 万亿元。这表明，2019 年一季度 M2 增长 6.27 万亿元。2018 年全年 M2 才增加 14.99 万亿元。可见，2019 年一季度，货币汹涌而来。汹涌而来的货币之水，将流向何处呢？

2019 年 3 月 CPI（居民消费价格指数）同比上涨 2.3%。有点让人喜出望外，为什么喜出望外呢？CPI 的长期低位徘徊，让人心情有点沉闷，经济活力似乎不足。货币之水也不来多浇灌。现在，CPI 终于进入“2 时代”，似乎得到了货币之水的恩泽。然而，我们仔细想一下：食品价格上涨 4.1%，其中，鲜菜价格同比上涨 16.2%，猪肉价格上涨 5.1%。会飞的菜，会飞的猪，让 CPI 看起来很美。春风不改旧时波，菜周期和猪周期依然如此。

货币之水浇菜洗猪的背后，一定是供求关系变化。CPI 增长 2.3% + GDP 增长 6.4% =8.7%，这与 M2 增长 8.6% 惊人地接近。然而，PPI（工业生产者出厂价格指数）同比上涨 0.4%。

看来，天量的货币并没有过多地恩泽工业企业，并未在很大程度上改变工业企业的供求关系。看来，天量的货币流向服务业。一季度，第三产业（服务业）增加值 122 317 亿元，增长 7.0%。信息传输、软件和信息技术服务业增长 21.2%，可见科学技术是第一生产力啊！租赁和商务服务业增加值增长 8.3%，又是一个新兴增长点啊！金融业增长 7.0%，年初“再见，刘士余！你好，易会满！”的职务交替应该作出了不少贡献。

货币的力量

钱与钱[①]

近日，网上盛传：有位深圳男士征婚，称“拿着两万元高薪”，但日常开销大，“经济条件并不优秀”。“高薪”二字甚是扎眼，引来网友吐槽：两万月薪在深圳稀松平常，与“高薪”标准完全没有关系。

更有人提出，当前月薪过万的人根本没办法过上体面、有质量的生活，甚至说，如果收入刚刚达到“月入万元”门槛，那么你只不过是成了中国的“新贫困阶层”。

一时间网友们纷纷吐槽：自己一不小心成了新贫困阶层；自己还是旧贫困阶层，努力迈向新贫困阶层；自己向祖国人民道歉，拖了全面建成小康社会的后腿等。

一个“钱”字，牵动世人心。人们常说：钱不是万能的，没有钱是万万不能的。但何谓钱？人们在意的钱，有何不同？

“你挣的钱好多呀！”此处的“钱”是何意？这句话是说你月薪很高，月薪是一个流量，是你一个月的劳动付出获得的钱。

“你家好有钱呀！”此处的“钱”是何意？这句话是说你家财富多，资产积累丰厚。财富是一个存量，是你家多少年来积累的“钱”的表现。

在大中城市里，一个大学生月薪两万元，一个老人退休金两千元但拥有五套房子，谁更富，谁更有钱？

无法回答，月薪（流量）与财富（存量），口径不同，没法比较。但很多人会认为老人更有钱。

可见，此“钱”非彼“钱”。一个人要想有钱，一方面，要靠自己的能力，靠自己稀缺的、较高的生产率，获得较高的月薪，获得高流量；另一方面，要靠

① 本文发表于2017年9月18日。

节约，要靠积累，要靠理财，获得较多的财富积累，获得高存量，并实现“钱生钱”，获得财产性收入。

通俗地说就是，人要靠干活挣钱，还要靠用“钱”挣“钱”。高薪诚可贵（劳动力市场对你的认可），财富价更高（获得持续性的收入流）。

突然想起，新古典增长理论有个黄金律法则：吃掉你的劳动所得，存起你的资本收益。此话甚有道理，劳动所得，保障你有体面的生活；资本收益，保障你逐渐变成富人，变成有产者。

马克思说，资本只有一种生活本能，这就是增殖自身。这里“增殖”的“殖”，是繁殖的“殖”。马克思说，资本的合乎目的的活动只能是发财致富，也就是使自身增大或增殖。

马克思还说，必须要拥有一种超越物理学的界限，才能去接触那只“下金蛋的母鸡”。你有没有那只母鸡？有，就是有产者；没有，就是无产者。

你是有产者，还是无产者？你是否在一直追寻那只“下金蛋的母鸡”？

都怕她[①]

人世间，很多事情，是很无奈的。比如，现在全世界都害怕一个女性，都在看这位女性的脸色。

她就是美国联邦储备委员会主席耶伦。美联储就是美国的中央银行，耶伦就是行长。

这个女性不寻常！全世界为什么要怕她呢？因为美联储下设有一个公开市场业务委员会。这个委员会，甚是厉害！耶伦就是这个委员会的领导。委员会由12名委员组成，每6周开一次会，吵吵架，聊聊天。

耶伦召集其他11个委员开这个会，就是要商议在下一次开会之前这段时间内，政策怎么变动。其中一个重要的环节就是议息：加息/降息否？加/降多少？这可不是小事情。这12个人在一起商议的结果，可关系到你我的钱袋子。

每次开会前夕，全世界都忐忑不安，股市、汇市、债市、期市等皆受影响。以A股市场为例，2016年到2017年初，这12个人开了7次会议。会议召开前夕，A股有6次是下跌的。会议结束后，若未启动加息，A股则上涨，表现强势。为何如此？利来利往！钱随利率动。美联储加息，资金流入美国，A股可能失血，中国经济失血，新兴市场失血。

2015年12月17日，耶伦启动2008年金融危机以来的第一次加息，正式结束了美联储的量化宽松的货币政策，相当于给美国经济投了一张信任票。这一票，堪称世纪豪赌，这位女性赢了。

2016年12月，2017年3月和6月，又加了3次息，美联储进入了加息周期。每一次都令全世界胆战心惊。

这不，美国时间2017年9月19至20日，耶伦又和这群人商议，随后她宣

① 本文发表于2017年9月21日。

布：预计今年再加息 1 次；预估显示 2018 年加息 3 次，2019 年加息 2 次，2020 年加息 1 次。

耶伦不仅宣布了加息，还宣布了一件令全世界更害怕的事：要缩表！要缩美联储的资产负债表，说干就干，从 2017 年 10 月开始。

2014 年 2 月 3 日，耶伦接手的美联储，是一个虚胖的美联储。2008 年金融危机发生后，市场资金链断裂，市场缺钱，就如同生命缺血。美联储没办法，只能救市。怎么救？多发钱，向市场输血。怎么发？买债券：买国债，买抵押贷款证券。债券买回来，钱就发出去了。

那缩表是怎么回事？全世界都知道：资产 = 负债 + 权益。美联储发钱，就是负债增加，就是资产增加。但这是虚胖。4.5 万亿美元的资产负债表规模，确实有点胖！美联储如此胖下去，身体是要出问题的。怎么办？减肥！要苗条一些！

怎么减？终止到期债券再投资。美联储计划削减规模为每月 100 亿美元，包括 60 亿美元国债和 40 亿美元抵押贷款证券（MBS）；每 3 个月上调一次，每月削减规模扩大 100 亿美元；直到每月削减 500 亿美元，包括 300 亿美元国债和 200 亿美元 MBS。如果 5 年之内资产负债表规模减到 2.5 万亿美元水平，那就苗条多了，好看多了，健康多了。

其实，在 1920 年，1930 年，1949 年，1960 年，1978 年，2000 年，美联储都缩表过！美联储要减肥，当然是又一次对美国经济投了信任票。但这对其他国家有什么影响呢？美联储虚胖，资金跑到其他国家，汹涌而来，我们既欢迎又害怕，想发展又怕泡沫经济发生。

美联储减肥，资金要离开这些国家，澎湃而去，钱跑了，失血了，全世界的经济都要减肥了！可是，很多国家的经济还很瘦弱，不需要减肥，可能还需要增肥。但该走的总会走的，留是留不住的。我们要记住一个道理，在这个星球上，国家之间只有利益关系，没有兄弟情义。

耶伦只会根据自己服务的国家的利益，投出她的表决票，当然不可能关心因此引起的其他国家的滔天洪水。其实，每个国家仔细想一想，还是自己身体好，才不怕失去一点点血——产业当自强！

我们到底有多少钱？[①]

看看你钱包里的那张纸，这不是一张普普通通的纸，这是一张神奇的纸，堪称纸中贵族。每一个人看到这张纸，都会笑逐颜开，眼睛发亮。这张神奇的纸，让人心动，引导着人们行动，如同涓涓细流汇成江海。微观行动决定了宏观走势，决定了浪奔浪来的周期波动。

分析宏观经济形势要看三个问题。有多少钱？钱从哪儿来？钱往哪儿去？

我们现在有多少钱呢？中国人民银行的统计数据告诉我们，2017 年 9 月底，广义货币供应量为 165.57 万亿元。我们经济系统中竟然有这么多钱！有这么多钱可以花！如果按 1 美元兑 6.6 元人民币算，这一货币量超过 25 万亿美元，为世界第一。我们拥有的货币量为全球第一，居第二的美国只有 13.6 万亿美元。我们的货币量接近于美国的 2 倍！

但 2016 年，美国的 GDP（国内生产总值）是 18 万亿美元，我们的 GDP 是 11 万亿美元。我们的 GDP 不到美国的 2/3。美国是用 0.75 美元的货币创造 1 美元的 GDP，我们是用 2 元人民币创造 1 元人民币的 GDP，货币效率差得有点大！

要知道，美国是玩金融的，以金融业为主，但货币效率那么高，像是玩制造业（实体经济）的；我们是玩制造的，以制造业为主，但货币效率那么低，像是玩金融业（虚拟经济）的。

如果按全国 14 亿人算，人均货币量接近 12 万元，相当于人均 1.8 万美元。这个量可是很大的。当然，这不能用人均算，尽管这一货币量分布在不同的人、不同的企业、不同的组织、不同的地区中。

过去，我们可没有那么多钱，但钱发行得太快了。2000 年底，我们的货币量约为 13 万亿元。

---

① 本文发表于 2017 年 11 月 3 日。

2005 年底，我们的货币量约为 30 万亿元，相较于 5 年前增加了 17 万亿元，每年增加 3.4 万亿元，每月增加约 2 833 亿元，每天增加约 94 亿元。

2010 年底，我们的货币量约为 73 万亿元，相较于 5 年前增加了 43 万亿元，每年增加 8.6 万亿元，每月增加 7 167 亿元，每天增加 239 亿元。

2015 年底，我们的货币量约为 139 万亿元，相较于 5 年前增加了 66 万亿元，每年增加 13.2 万亿元，每月增加 1.1 万亿元，每天增加 367 亿元。

2016 年底，我们的货币量约为 155 万亿元，相较于 1 年前增加了 16 万亿元，每月增加 1.33 万亿元，每天增加 444 亿元。

2017 年 9 月底，我们的货币量为 165.57 万亿元，相较于 9 个月前增加了 10.57 万亿元，每月增加 1.17 万亿元，每天增加 391 亿元。

从 2000 年 12 月底到 2017 年 9 月底，共计 201 个月，货币量增加了 152.57 万亿元，增加了约 12 倍，每月增加 7 591 亿元，每天增加 253 亿元。

但关键的问题是，钱越多就越好吗？我相信，每一个人都希望自己的钱越多越好。每一个孩子从记事儿起收到红包时是多么兴奋呀！看来，喜欢这张纸是人的本能。我们每一个人，早早起床，辛苦工作。每月发给我们的这些纸，就是奖励呀！当然，如果我们不是通过合法的途径得到这些纸，那就不是好事儿啦，可能还要受到法律的惩罚。

但对于一个国家而言，钱越多越好吗？那就不一定了！

钱多了，太多的钱追逐太少的商品，那物价就上涨了，钱能够换的东西就少了，钱就不值钱了，那叫通货膨胀。前些年的电视剧《心术》里有句台词说得好：上涨的不是房价，而是货币供应量！

钱少了，好不好？那不好！太多的商品追逐太少的货币，物价持续下跌，企业没钱可赚，人们下岗失业，就没有收入了，就没有钱了，那叫通货紧缩。钱多了，钱不值钱，我们害怕！钱少了，挣不到钱了，我们更害怕！

到底怎么看，钱多好不好？这取决于这些钱是从哪儿来的？根正苗红，那就是好的！如果搞不清楚从哪儿来的，那就有问题了！

我们的钱来自何处？[①]

你钱包里的这些纸，来自何处？来自某一家商业银行的柜台或取款机。商业银行里的这些纸，来自何处？来自中国人民银行的金库，毕竟央行是发行的银行，是商业银行的银行。中国人民银行的这些纸，来自何处？来自造币厂。那么，问题来了：造币厂的纸，怎么就跑到你的钱包里了？这是两个问题。这些纸怎么从造币厂跑到央行金库里？央行金库里的纸怎么跑到你的钱包里？

读书的时候，我听说有家造币厂亏损了。制造货币的工厂，竟然亏损了！可能吗？后来我发现，这是可能的！央行和造币厂的关系是：央行到造币厂，把这些纸称重，按照每吨多少钱，付给造币厂，然后用运钞车拉走，放到金库里。造币厂的产品，也就是这些纸，可是绝对买方垄断，只能卖给央行。如果造币厂防伪技术提高、纸张质量提高，生产成本提高，央行又不愿意加价购买，造币厂就有可能亏损了。

第一个问题解决了，第二个问题呢？央行金库里的这些纸，是怎样跑出来的？这就是货币的发行问题。玩货币的人，一般都是金融智力精英。

央行定期或者不定期地会同相关部门人士，根据经济运行情况、社会交易额变化、货币流通速度、汇率等测算当前的货币存量能不能支撑经济有效运行？是否需要增发货币？需要增发多少？然后，通过各种技术渠道，货币就发行出来了。这一货币发行，是主动的货币发行，是根据经济情况而为，是为实体经济服务的，是根正苗红的。只要对经济形势判断准确，对经济周期波动判断准确，这一主动发行是值得鼓励的。这也是央行存在的意义之一。

想当年，美国联邦储备委员会主席格林斯潘在任期间，美国人常说：谁当总统不要紧，重要的是格林斯潘做主席就行。这是对美联储调控经济的赞扬和肯定，这也表明，央行的一举一动对市场影响巨大。

---

① 本文发表于2017年11月9日。

这一影响的重要渠道，就是货币发行或者货币回笼。2008 年金融危机以来，欧美各国中央银行实行量化宽松的货币政策，其实就是向经济系统中多投放一些货币。2017 年 10 月起，美联储要缩资产负债表，就是要回笼货币。

然而有些时候央行不是主动发行货币，而是被动发行货币。比如，珠三角的王老板有一个企业，生产服装，出口到美国，挣回 100 万美元。这 100 万美元放在什么地方？按照结售汇制度，王老板将 100 万美元卖给央行，央行按照当前汇率付给王老板钱。央行的外汇储备就增加了 100 万美元，按 1 美元兑 6.6 元人民币算，王老板得到 660 万元。王老板的 660 万元放在什么地方？他不敢放在家里，决定放在银行账户上。银行存款增加 660 万元，一段奇妙的存款创造旅程开始了，假设存款创造乘数为 4，那么，我们的货币量就会增加 2 640 万元。只要王老板出口，央行就会被动投放货币，货币量就会通过乘数效应而倍增。

比如美国的林老板到中国寻求合作机会，林老板给王老板的企业投资 1 000 万美元，很快汇到王老板账上，这叫外商直接投资。王老板把 1 000 万美元卖给央行，央行外汇储备增加 1 000 万美元，央行付给王老板 6 600 万元。王老板把钱存在银行，乘数 4 又一次发挥魔力，货币量增加 2.64 亿元。只要林老板接受外商直接投资，央行就会被动投放货币，货币量就会通过乘数效应而倍增。

无论是王老板的出口，还是林老板的外商直接投资，都是受各个省长、市长、区长、县长欢迎的，这是当地经济发展所需要的。但下面的故事就不一定了：李先生到美国访问捡了 10 万美元，假设这 10 万美元以合法的途径被李先生带回来了，卖给央行，央行外汇储备增加 10 万美元。央行付给李先生 66 万元，李先生把钱存在银行，乘数 4 发挥魔力，我们的货币量增加 264 万元。

在外汇储备增加中，央行知道王老板出口了多少美元，也知道外商林老板直接投资了多少美元；但不知道李先生摔了一个跟头捡了 10 万美元。更多的是，许多地下金融渠道悄悄地把钱送进来，这也是央行很难监管到的。

2003 年至 2013 年间，国际热钱汹涌而来，导致我们的货币量快速增长，广义货币量从 22 万亿元增长到 106 万亿元，增长速度相当快。国际热钱汹涌而来，我们害怕；热钱澎湃而去，我们更害怕。大量的货币，会去什么地方呢？

钱快人慢[①]

在千呼万唤之中，举世瞩目的第七次全国人口普查数据终于公布了。我国人民终于松了口气，毕竟海外预测的低于14亿人的情况没有出现。

数据会说话，我们来品品。2020年第七次全国人口普查数据为14.117 8亿人。2010年第六次全国人口普查数据为13.397 2亿人。2000年第五次全国人口普查数据为12.426 1亿人。2011至2020年这10年间仅仅增加了7 206万人，虽然这个数量相当于三个澳大利亚的人口，但还是比人们预期的少。人们还记得，2000至2010年这10年间增加了9 711万人，接近一个亿了。显然，人口增幅大大减慢。人口红利正在悄悄消失。

人口增幅慢了，但我国可以花的钱的增幅却没有慢下来。可以花的钱叫广义货币量（M2）。2020年12月末，我国M2为218.68万亿元，人均M2为15.49万元。2010年12月末，我国M2为72.59万亿元，人均M2为5.42万元。2000年12月末，我国M2为13.46万亿元，人均M2为1.08万元。

不算不知道，一算吓一跳。2000年，人均可以花的钱超过1万元。2010年，人均可以花的钱超过5万元。2020年，人均可以花的钱超过15万元。可以预判，2025年，M2将超过300万亿元，而人口不会超过15亿人，人均可以花的钱将超过20万元。这个增幅有点猛，超乎人们想象。

这要感谢中央银行毫不吝啬地释放了天量的货币之水，为每一个人、每一个企业、每一个地区赢得了时间。这是每个行为主体修复自己的资产负债表的宝贵时间。修复好了，美好生活就实现了，否则，就辜负了中央银行的美意。

我们可以跑不赢中央银行，但是要跑赢平均数。钱增长速度越来越快，人口增长速度越来越慢，想要跑赢平均数也不容易。在危急时刻，中央银行成为市场里的唯一玩家。更能彰显：中央银行人民爱，中央银行爱人民。

---

① 本文发表于2021年5月11日。

跑赢美联储[①]

在纽约的华尔街，每个人都知道一句话：别和美联储作对。美国联邦储备委员会，即美国的中央银行的一个脸色、一个举动，都决定着你我的钱袋子大小。美联储主席的每一句话都可能在股市、期货市场、黄金市场、石油市场掀起惊涛骇浪。

学过经济学的人都知道，中央银行的厉害之处在于她是发行的银行，是结算的银行，是银行的银行，是政府的银行。中央银行的爱的伟大之处在于：她是最后的贷款人。她视商业银行为孩子，本能地保证商业银行不断乳（资金不断流）。

中央银行知道，金融危机抑或经济危机的发生多是从资金断流开始的。只要资金不断流，留住青山在，可待万物开。

1913 年开始营业的美联储，在 1929 年起的大萧条时期，由于经验不足，没有及时为商业银行供乳（资金），导致商业银行受伤惨重。从此之后，美联储就开始奉行母爱主义，不能让孩子们没有奶喝，尤其是经济危机时。中央银行深知，最后贷款人的角色很重要！所以，华尔街之狼也很清楚，别和美联储作对，摸清中央银行的心思，肯定有钱赚。

2020 年的新冠疫情颠覆了这个世界的游戏规则。这个世界的很多玩法已经彻底变了。美联储的玩法也彻底变了。2020 年，美联储的资产负债表，增加了约 3. 3 万亿美元。美联储发行了如此天量的基础货币，联邦基金利率那就很快趋向于零了。几乎免费的钱潮开始波涛汹涌。谁先募集到这些几乎免费的钱，让它们紧紧地团结在自己身边，就能让它们为自己的美好生活服务。当然，最后得到钱的人或得不到钱的人肯定遭殃了，因为无论资产价格，还是消费品价格已经上涨。

---

① 本文发表于 2021 年 5 月 3 日。

美联储发行货币的途径之一就是买国债。联邦政府很高兴，美联储花了约2万亿美元买国债，正发愁没钱抗疫的联邦政府就有钱花了。华尔街之狼发现，美联储的玩法变了，由最后的贷款人变成了最先的贷款人。天赐良机，赶快借钱去吧，那些几乎免费的钱，华尔街之狼心中呐喊：让钱浪来得更猛烈些吧！

华尔街之狼的钱潮巨浪流向何处呢？当没有什么太好挣钱的机会时，就自己创造机会吧，华尔街之狼开始回购股票。回购股票，股市大涨，众人皆醉：股民高兴，股东高兴，高管高兴，总统也高兴。2020年3月美国股市4次熔断以来出人意料地屡创新高，11月24日道琼斯指数超过3万点大关，中央银行的功劳至关重要。华尔街之狼毕竟是顶尖金融智力精英，极其敏锐地改变了想法：“别和美联储作对”已经过时了；“抢先美联储”，跑赢美联储才是王道。

美联储发钱，政府借钱，华尔街借钱，大家都在借钱，以钱生钱，“轻轻松松赚大钱”。此刻，哪管他实体经济是受伤惨重，还是嗷嗷待哺。

美国前国务卿基辛格博士最为自豪的是，美国为全世界贡献了自由经济制度。自由经济制度的核心在于企业通过创新，自由竞争，为世界提供更好的产品和服务，满足世界人民的美好生活。当前，尚健在的基辛格博士一定忧心忡忡，崇尚创新、崇尚竞争的自由企业还活着吗？在奉行负债为王的华尔街之狼面前，崇尚企业创新的资本主义已死?!

美联储从“最后贷款人”变成了“最先贷款人”，中央银行的玩法彻底变了。其他国家的中央银行的玩法变了吗？冷暖自知吧。跑赢中央银行，成了世界新玩法！你起跑了吗？

别被货币迷了眼[①]

对人世间同样的事儿，不同的人有着不同的解读，也就有了不同的行为和后果。近日，央行公布的一组数据令市场有点惊慌失措。央行说，2021 年 3 月末，广义货币量（M2）余额 227.65 万亿元，同比增长 9.4%，增速比上月末和上年同期均低 0.7 个百分点。M2 就是经济系统中可以花的钱，即总的潜在支付能力。

有人看到这个消息，尤其看到“9.4%”，立刻心里“哇凉哇凉”的，以为货币增速降了，货币之水要断了，宽松货币政策要退出了。市场人心惶惶，惊慌失措。其实，他们这是误读了央行这组数据，尤其是误判了货币形势，误导了大众和市场。

一季度货币量增加接近 9 万亿元。要知道，2020 年 12 月末，M2 余额 218.68 万亿元；2021 年 3 月末，M2 余额 227.65 万亿元。二者相减，一季度，M2 增加了 8.97 万亿元，接近 9 万亿元。一个季度就增加接近 9 万亿元，这是一个天文数字。如果接下来每个季度都是这样，那 2021 年全年 M2 将增加近 36 万亿元（此前的记录是，2020 年 M2 增加超过 20 万亿元）。那将是恶性通货膨胀，普罗百姓就要进入货币如纸的岁月了。

全年货币量增加约 22 万亿元。其实，从相关部门的意思看，2021 年 M2 增量应该在 22 万亿元左右。《政府工作报告》说，国内生产总值增长 6% 以上；居民消费价格涨幅 3% 左右。两个速度简单相加，意味着 2021 年名义经济增速在 9% 以上。《政府工作报告》还说，货币供应量和社会融资规模增速与名义经济增速基本匹配。这意味着 2021 年全年 M2 增速在 10% 左右。2020 年 12 月末 M2 为 218.68 万亿元，乘以 10%，2021 年 M2 增量就是 22 万亿元左右。

货币之水依然汹涌澎湃。按照相关部门的意思，全年 M2 增加 22 万亿元，一

① 本文发表于 2021 年 4 月 14 日，题目有改动。

季度应增加约 5 万亿元。但实际上，一季度增加了 9 万亿元，超计划地完成了任务。这样一算，一季度货币增量（约 9 万亿元），占全年货币增量（约 22 万亿元）的约 40%。这分明是一个货币独领风骚的岁月。阳光明媚，春暖花开。何来货币紧缩？何来货币宽松退出？

数据背后眼迷离。货币增速从 10% 下降到 9.4%，这本是一个统计学的科学问题：基数大了，增速就下降了。我们不能把一个符合规律的科学问题，转化为一个市场的心理问题。否则可能会使人们认知偏颇，可能会令一些人居心叵测，可能出现做空力量。

一组数据，背后有多少艰难世事！可以预判的是，一季度吃了 9 万亿元这么多肉，下半年就要多喝汤了，相关部门绝对不会允许全年货币增量高达 36 万亿元，否则这就不是经济问题了。但全年货币增量会不会突破 22 万亿元呢？一切皆有可能。

“漂亮50股”①

当今世界，金融市场波澜起伏，都源于50年前那一天发生的那件事儿。1971年8月15日，那是一个星期天，酷暑之中的美国人民在电视里看到一个消息：尼克松总统宣布，美国不再遵守美元自由兑换黄金的承诺。一声霹雳，击穿了世界金融市场投资客的心！金融市场再没有那颗稳定的心了！

本来，此前，全世界都玩这个游戏：1盎司黄金＝35美元；美元与黄金自由兑换；各国货币和美元保持相应的汇率。1∶35，这个比例就是一个稳定器。每一个国家，想存黄金就存黄金，想存美元就存美元。“二战”之后的世界就这样运行着。

但20世纪60年代，美国卷入了越战，而且越陷越深。打仗，要花钱，美国政府付出了真金白银。到了1968年，美国参战人数达到新高，军费也达到新高。尽管美国社会已经开始被战争撕裂，但美国人还没有为军费着急，没想到大西洋对岸的法国总统戴高乐却有点着急了。戴高乐深知政府花钱的游戏，美国军费一路高涨，钱从哪儿来呢？美国政府肯定要大量印美钞，通过美元贬值的方式支持战争。美元贬值，法国还有其他国家存的美元，就不值钱了。美国是想向世界上存有美元的人赖账，通过赖账的方式支持战争。戴高乐想，赶快把法国国库里的美元换成黄金。法国这样干，其他欧洲国家也想这样干，以至于欧洲人都不愿意接受美国游客的美元了。更为重要的是，世界人民都想拿美元换黄金，美国可没有那么多黄金呀。

无奈，尼克松总统只能宣布，美元不再自由兑换成黄金。美国解放了，世界却乱了。美元没人要，就大幅度贬值了。没想到，美国股市很有意思，第二天却上涨了4%。投资客的想法，和戴高乐一样。没有了黄金的约束，美国政府果然

---

① 本文发表于2021年2月24日。

印钞支持越战了。

钱多了，1972 年的美国股市再次繁荣。“漂亮 50 股”流行起来。那是纽约证券交易所颇受追捧的 50 只大盘股，收益稳定、增长快，被认为是稳赚不赔。“漂亮 50 股”中有不少知名企业，如美国运通、美国家庭用品、可口可乐、IBM、吉列、柯达、麦当劳、陶氏化学、通用电气、迪斯尼、辉瑞、宝洁、施乐、花旗银行等。

“漂亮 50 股”，在 20 世纪 60 年代已经俘获了股民的心。1972 年，面对美国的印钞行动，股民们心想，这世界变化快，那就买那些头部企业股票吧。于是，“漂亮 50 股”开始风行起来。这种情景，和 2021 年春节前我国的股市何其相似：股市的成分权重股扶摇直上，非成分股萎靡不振。我国股市似乎也有“漂亮 50 股”的味道。

美国政府以贬值的方式还军费债，那就是政府违约了。1973 年，美联储不得不收紧货币。钱少了，股市大跌，“漂亮 50 股”跌得很惨重。“漂亮 50 股”，到底漂亮不漂亮，谁知道呢？我们只能说，宏观如此重要，还是小心为妙。

法国总统戴高乐的决定，美国总统尼克松的卸责，美联储的收放，这些都是决定“漂亮 50 股”到底漂亮还是不漂亮的关键因素。很多时候，外部金融环境变化的影响，已经超过了企业或行业内部市场供求关系的变化。在什么时点发生了什么，我们应该如何提前预判应对很重要！

用专业术语来说，赚钱是靠阿尔法（冒险押注外部因素，比如美联储政策），还是靠贝塔（某一市场回报，有点价值投资的味道），这是一个问题。

要记得，没有永恒的“漂亮 50 股”！

将见疯狂[①]

马克·吐温说："历史不会重演，但总是惊人的相似。"外汇市场与股市的故事，似乎又和历史惊人地相似了。

2019 年 12 月底，我国外汇储备余额为 31 079 亿美元。2020 年 12 月底为 32 165 亿美元，增加了 1 086 亿美元。资本最聪明，用脚投票，选择中国，尤其在 2020 年下半年，更是汹涌而来。既然外汇来了，就要换算成人民币。需求增加了，人民币就升值了。这是近期人民币升值的原因。那么，资本为什么要来中国呢？当然是为了赚钱。怎么赚钱呢？

当国外央行释放天量货币之水，钱多了，国外利率就很低。我国利率相对较高，国际上的资本就跑到中国来赚钱了。赚利差，是国际资本流动的初始动因。国际资本汹涌而来，需要换算成人民币，人民币升值。这样，国际资本又赚了汇差，即人民币升值的红利。这样，预期自强化，更多国际资本来中国，人民币更快升值。

1 美元兑人民币，2020 年 5 月底为 1∶7.131 6，12 月底为 1∶6.524 9，大半年升值约 6 毛钱，很快很快。这个"6 毛钱"背后蕴含着无限可能。先利差，后汇差，升值自强化，这就是近期人民币快速升值的根本原因。

这个故事，从 2005 年 7 月 21 日到 2007 年人民币出其不意地升值出现过；从 2014 年到 2015 年 8 月 11 日汇改出现过。而这两个时期都出现了疯狂股市：上证指数 2007 年一飞冲天，到了 6 000 多点；2015 年"5 000 点不是梦"成为现实。

为什么会出现股市疯狂？因为国际资本汹涌而来，换算成人民币，外汇储备增加了，央行释放大量基础货币，经过信贷创造乘数效应，货币之水就汹涌澎湃了。印钞推动股市上涨的市场原理就启动了。外汇储备增加，相当于开动了印钞

① 本文发表于 2021 年 1 月 17 日。

机器，无论央行意愿如何。

2020年外汇储备增加1 086亿美元，央行要释放多少货币呢？按平均汇率1:6.8算，央行释放7 385亿元基础货币。按货币乘数6算（当年6月货币乘数达6.8），外汇储备增加释放货币量4.431 0万亿元。

2019年12月底广义货币量（M2）为198.65万亿元，2020年12月底为218.68万亿元，增加20.03万亿元。货币量增加20.03万亿元，其中外汇储备增加释放货币量就占了22%。这个比例有点大。

外汇储备增加，已经使央行启动了印钞机。尽管货币管理当局每天可能会在外汇市场上相机抉择对冲操作，但某个时间段的大趋势是很难扭转的，毕竟，央行的对手是整个国际资本盘。

要知道，国际资本进来，除了赚利差和汇差，还想到资本市场上赚一笔：利差、汇差、股市红利一起赚，一箭三雕甚至多雕，岂不是更好。2007年、2015年，国际资本就是这样玩的。

中国股市会不会又将见疯狂呢？此所谓：历史惊人地相似。是也，非也?!

不急转弯是最大的红利[①]

2020年，新冠肺炎疫情冲击之下，股市的表现就是如此诡异而又合理。股市只是在疫情初期给了病毒面子，象征性地暴降或熔断了几次，然后便不管疫情而自上扬而去。尽管疫情导致有些地方复工复产困难，但股市用实际行动告诉大家：我不是也不愿意做经济的晴雨表。环顾全球，股市自徜徉。美国道琼斯指数冲破3万点，创了新高；标普500指数也是屡创新高。我国A股也在7月6日超过3 400点。疫情之下的股市底气何在？在于货币之水。这一轮的股市，被称为货币之水中的牛市。

2020年1月初，美联储资产负债表规模为4.13万亿美元，12月初为7.36万亿美元，增加了3.23万亿美元，扩表近80%。这就是美联储今年的发钞规模。2008年金融危机之后，美联储三年内三轮量化宽松政策才增发了约3.6万亿美元的货币。到2020年，才不到一年美联储就增发了3.23万亿美元，货币之水汹涌而来。

我国可以花的钱，2020年11月底为217.41万亿元人民币（约32万亿美元，世界第一），比年初增加了18.55万亿元，也是创了历年新高，货币之水汹涌而来。疫情之下的股市告诉大家，市场不会错，“印钞推动股市上涨”的市场原理不会错；人世间，没有什么救世主，但的的确确存在货币这个救市主。

2021年就要到了，未来货币之水是否可持续涌动呢？12月16日，美联储本年度最后一次议息会说，联邦基金利率在0～0.25%之间保持不变；维持每月发钞1 200亿美元（购买国债800亿美元+购买MBS400亿美元）力度不变。看来，美联储近期不转弯。欧洲中央银行也将以每月超过900亿欧元的速度扩表。日本、英国、加拿大等国央行也将摩拳擦掌地扩表。扩表，就有了启动“印钞推动

① 本文发表于2020年12月23日。

股市上涨”市场原理的可能性。似乎大家都知道货币还是货币。央行发行货币，就是对人民的负债。似乎大家都知道负债还是负债。

12 月 18 日，中央经济工作会议传来利好消息。会议指出，明年宏观政策要保持连续性、稳定性、可持续性；要继续实施积极的财政政策和稳健的货币政策，保持对经济恢复的必要支持力度，政策操作上要更加精准有效，不急转弯，把握好政策时度效。“不急转弯”，这四个字，是最大的利好；这四个字，孕育着无限的可能。

“缺钱—借钱” 的经济后果[①]

学经济学的人都知道，稀缺性原理是经济学入门的第一要义。每一个人都想拥有更多的稀缺资源，来为自己的美好生活服务。

现代社会，人们突然发现，拥有稀缺资源的密码之一就是：负债，负债！如果很多人都这样想、这样做，整个社会的财富结构就会发生相应的变化。请记住，每一个负债，都对应着一个金融资产。

基于此，我们看看自家的家底，就明白了其中的财富秘密。2000 年，我国的总资产为 91 万亿元，其中金融资产为 53 万亿元，非金融资产 38 万亿元，前者比后者多了 15 万亿元。

2005 年，我国的总资产为 215 万亿元，比 2000 年翻了一番多，其中金融资产 125 万亿元，非金融资产 90 万亿元，前者比后者多 35 万亿元。

2010 年，我国的总资产为 561 万亿元，比 2005 年翻了一番多，其中金融资产 344 万亿元，非金融资产 217 万亿元，前者比后者多 127 万亿元。

2015 年，我国的总资产为 1 080 万亿元，比 2010 年接近翻了一番多，其中金融资产 698 万亿元，非金融资产 382 万亿元，前者比后者多 316 万亿元。

2016 年，我国的总资产为 1 211 万亿元，其中金融资产 786 万亿元，非金融资产 425 万亿元，前者比后者多 361 万亿元。

一句话，资产越来越多，家底越来越厚，其中金融资产增长越来越快。金融资产为什么增长如此之快呢？请记住，每一项负债，对应着一项资产。

2000 年，我国金融资产为 53 万亿元，金融负债 52 万亿元。2005 年，我国金融资产 125 万亿元，金融负债 122 万亿元。2010 年，我国金融资产 344 万亿元，金融负债 332 万亿元。2015 年，我国金融资产 698 万亿元，金融负债 685 万

---

① 本文发表于 2020 年 11 月 23 日。

亿元。2016 年，我国金融资产 786 万亿元，金融负债 773 万亿元。一句话，金融资产增长越来越快的密码是金融负债增长越来越快。

这个密码的逻辑很简单：缺钱，就去借钱。地方政府、企业、居民都深谙“缺钱—借钱”之道。借的钱多，发展的机会就多，政绩就多，利润就多，收入就多。

数据会说话，数据不客气，道理就是这样。

资本狂欢

为什么需要股票发行注册制？[①]

股市反映了社会百态，一有风吹草动，立刻剧烈波动，有蝴蝶效应，有羊群效应。股市，不一定是经济的晴雨表，但一定是一幅百变人生图。

我们为什么需要股市？因为我们向往美好生活。美好生活不是虚幻的，而是要有不断增加的物质条件作为支撑，即经济需要不断增值。资源是稀缺的，怎样实现增值？需要改善资源配置状态，提升资源配置效率，这需要我们突破地缘、血缘、宗法等方面的限制，进行跨越时空的合作。

在资本的世界里，股市就是自由人的自由联合，这种自由的资本联合是一种跨越时空的资源配置。股市存在的价值就在于通过改善资源配置，释放行为主体的活力，实现经济增值，进而创造美好生活。即股市是为了形成好的社会。实际上，整个金融系统都是为了形成好的社会。

2012 年，诺贝尔经济学奖获得者罗伯特·希勒出版了《金融与好的社会》，其核心观点是：金融发展，是为了形成更好的社会。金融缺失，或者金融发展不好，制约了好的社会的形成。基于此，股票就是一个折现器。在一个正常形成且不断成熟的股市里，我们买某只股票，就是看中了企业的资产价值，看中了企业未来收入流的持续增长能力。企业正是以这种能力作抵押，发行股票，募集资金。股民正是相信这种能力，才拿出真金白银，分享未来企业增值的成果。股民的原则是“用脚投票”：好则买，坏则卖。由此，股市成了经济的晴雨表，股市为实体经济服务并真实反映实体经济运行的状态。

股票市场是自由的，自由选择是你的权利，自由选择的代价即风险也是你的。股票是一种风险配置机制，把风险配置到能够承担并且愿意承担的人身上，人们仅有能力没有意愿不行，仅有意愿没有能力也不行。所以，股民不能有、也不应该有赌徒心态。

---

① 本文发表于 2018 年 2 月 28 日，标题有改动。

当前我们的股民充满着赌徒心态，股市并不是经济的晴雨表。这是一个变异的股市：股市熊牛快速转换。任何现象都有其原因，都有其历史源头。

中国股市的发展史是一部企业资金来源变迁史。传统体制下，企业经营资金靠财政拨款；当财政自身处于困境无暇顾及、无能为力时，20 世纪 80 年代“拨改贷”横空出世，企业经营资金靠银行；当银行不良资产急剧上升、信贷资金循环出现巨大漏损时，股市应运而生。为企业资金纾困是我们股市的起点，这大大偏离了正常股市的起点：为企业增值。

起点的逻辑错了，路径依赖的必然结果就是如此。股市不是、不可能是、也没有能力是经济的晴雨表了。一旦股市与经济路归路、桥归桥，各自独行，股票市场就是没有线的风筝，恣意飞翔。小道消息满天飞，且竟然真能左右股民的选择，进而影响股市的走势。

股市本来就应该是、也必然是经济的晴雨表。股票与经济各自独行的状态应该逐步结束。市场的基本特征是进出自由。公司上市是自由的，只要符合《证券法》《公司法》规定的条件即可。但公司一旦上市成为公众公司，就要履行严格的信息披露责任和义务，不能欺骗股民，不能说谎话，否则法律“伺候”，并且该分红时就该分红。

退市是自由的。当信息披露等事件可能成为公司发展的阻碍时，大股东收购自家股票到一定比例或其他法律规定的情形时，这个公司就退市了。当然，公司经营太差，股民的脸色肯定很难看，这个公司离破产倒闭可能也就不远了。

你上你的市，我退我的市，市场是动态的，充满着新鲜血液，也就有了活力。当公司在股市进出自由时，股民用手投票，选择值得投资的股票，或短期换换手，或长期做股东。十年陈股香，或将姗姗而来。真正股权投资的时代也将逐步到来。

上述理想场景的制度支撑是注册制。股票发行上市制度由审批制改为注册制，是一场正式的市场洗礼。没有这场洗礼的股市就不是一个正常成长的股市。当然，这一制度变迁是痛苦的。对股市的影响短期而言还未知。但就长期而言，股市一定要做经济的晴雨表。注册制必然引起阵痛，但为了股市的正位，这种代价是必需的。

再见，银行！你好，股票！[①]

20世纪60年代初期，日本政府提出“国民收入倍增计划”，几乎每一个人都对未来充满着激情。人心活，经济就活。经济活，新鲜事儿就多，新兴产业就活了。受战时体制影响而一直没有发展起来的日本股市也有点蠢蠢欲动了。可是，怎么能让人们把钱投向股市呢？证券公司有点伤脑筋。

问题的关键是把人们的逐利之心引向股市呢。证券公司不知从何方请了高人，设计了一句广告语：“再见，银行！你好，股票！”

这句通俗的大白话直穿人们的心灵，为人们推开了一扇窗：除了勤勤恳恳地工作获得工资性收入，还可以到股市上当当“资本家”，获得财产性收入。日本人民的逐利之心因这句话狠狠地颤悠了一下，似乎一下子打开了思想。结果自然是人们的银行存款大搬家，进入了股市。

战时以银行为主的间接金融体系，逐步迈向了以证券为主的直接金融体系。语言的力量真是厉害！其实，不是语言厉害，而是这句话顺应了事情发展的脉搏。这句话放到现在可以翻译成：“你不理财，财不理你！”

其实，美国人比日本人更早明白了这句话。20世纪40年代，通用汽车总裁威尔逊鼓励工人用养老金买股票。有人问：“这样，工人不就成为资本家了吗？”威尔逊回答：“正该如此！”威尔逊“人人都是资本家”的远景很有历史穿透力。

过去100年，发达国家社会发生的最大变化就是股份多元化、社会化，更多的人成了“资本家”。“再见，银行！你好，股票！”这句话在不同的时间、不同的地区演绎着不同的故事。

现在，这句话来到了中国。其实，这句话已经来过三次了。1996年第一次股疯出现。炒股赚钱，一下子解放了依靠单位工资的心理约束，人似乎变得平等

---

① 本文发表于2019年4月7日。

了。人们激情昂扬，却不知高收入与高风险如影随形。不管如何，股市成了自由人的财务自由联合。2007 年第二次股疯出现。人们都已经知道，你不理财，财不理你；仅仅靠工资性收入较难致富，还是要靠财产性收入。2015 年第三次股疯出现。这一次，不仅仅是“再见，银行！你好，股票!”，更变成了“你好，配资！你好，股票!”。普罗百姓可以配资，可以以自有资金撬动数倍的资金进入股市。企业疯狂，一般是有限责任的；自然人的疯狂，可能是无限责任的。这是一次自然人的疯狂。

2019 年春节后，“再见，银行！你好，股票!”再一次回到了中国。人们想当“资本家”的心又一次被撩拨起来了。第四次股疯似乎蠢蠢欲动。但“年年岁岁花相似，岁岁年年心不同”。这一次的行随心动，随的已经是全球化之心了。

我们那世界第一的 186 万亿元（约 27.5 万亿美元）货币量，使追逐资产价格的心一直在蠢蠢欲动。这似乎成了楼市和股市的“堰塞湖”。货币理性而又激情的冲动，似乎就缺一个导火索来点燃了。

2018 年 11 月 1 日，民企座谈会刚刚释放“化解民企上市公司股票质押风险”的信号，数千亿的民企纾困基金就已经在路上了。不仅自然人说出“再见，银行！你好，股票!”，企业法人也开始“再见，银行！你好，股票!”了。先知先觉的外资的抄底之心蠢蠢欲动了！一些内资，也披着外资的羊皮蠢蠢欲动了！沪港通，深港通，每日控制进出差额而不是控制进出总量的游戏规则，国际资本的大进大出，快进快出也是有可能的。中国内地的股市需要经受全球资本的检阅了。

中美第九轮经贸磋商，至少表面上没有擦枪走火。一直让特朗普不满意的美联储主席鲍威尔也悄悄地放缓了加息的步伐。股市的信仰，似乎开始发生变化。经历过三次股疯的人们，似乎又听到了“再见，银行！你好，股票!”的声音。

但那个货币“堰塞湖”出现了裂缝，结果会怎样呢？人们是当短期投机的“资本家”，还是当长期股东的“资本家”？这是一个问题！已经千疮百孔的股市游戏规则，有点跟不上互联网时代资本的全球化之心了。让暴风雨来得更猛烈些吧！股市游戏规则革命的时刻，就要到来了！

货币须稳定[①]

人们常说，失败是成功之母。的确如此！记得上大学的时候，有一次，“货币银行学”课程考试有一道题目难住了我——“何谓格雷欣法则？”交卷之后，我问老师，恍然大悟，原来就是劣币驱逐良币。从此，我再也没有忘记格雷欣法则（Gresham’s Law）。

从此，我知道了托马斯·格雷欣这位英国著名的金融学家、皇家证券交易所的创建者。1519 年出生的格雷欣，恰逢大航海时代。1492 年，哥伦布发现美洲新大陆。1498 年，达·伽马开拓了从欧洲绕好望角到印度的航线。世界大市场突然联通了，这大大激发了人们的逐利之心。

但这没有英国什么事儿。此时的英国，还很穷、很弱。甚至可以说只能算半个岛国，另一半属于苏格兰。大航海之风吹拂的时代，正是大变革的时代。在剑桥大学学习的格雷欣没有想到，1533 年出生的一个女孩，竟然让英国雄起了。格雷欣更没有想到，自己的一个奏折，为英国的雄起，作出了极其重要的贡献。

这个女孩就是 1558 年登基的女王伊丽莎白一世。伊丽莎白命运多舛：3 岁丧母并被判为私生女，16 岁被软禁，21 岁被押在伦敦塔下的监牢，几次都险些丧命。因缘际会，她在 25 岁时登基做了英国女王。

伊丽莎白一世接手的英国是个烂摊子，尤其是货币问题极其严重。

当时，大家用的都是金属货币，内含规定比例的普通金属和黄金（或白银）。比如，面值 1 英镑的硬币，规定内含 60% 的铁、40% 的黄金。但有些人（包括国王），就是要投机取巧，把面值 1 英镑的硬币，按照 80% 的铁与 20% 的黄金铸成。这样导致的结果是减色的铸币（即劣币）泛滥。

毕业后经商和从事金融业的格雷欣总结了这一现象：劣币驱逐良币。减色货

① 本文发表于 2019 年 2 月 18 日，标题有改动。

币泛滥，英国商人要想搭上世界大市场的列车就很困难。想和外国人做生意，外国人不接受英国的减色货币，要求英国人用黄金付款。糟糕的是，当时的英国可没有多少黄金，而西班牙、葡萄牙已经开发了美洲新大陆运回大量黄金。

英国直到1576年才首次出现马丁·弗罗比舍这位进入美洲新大陆的英国航海家。伊丽莎白知道，英国需要携手世界市场才有生意做、有钱赚。可是，英国没有那么多黄金和外国人做生意，就可能被世界市场抛弃。

怎么办呢？时势造英雄，格雷欣出场了。1559年，格雷欣给女王上了一个奏折：对货币实行管制，收回成色不足的铸币加以重铸，防止良币外流。

被货币问题折腾得焦头烂额的女王看到奏折眼前一亮：此计甚妙。要知道，当时还没有经济学，还没有金融学，其复杂性可想而知！经过认真筹备，1560年9月27日，女王发表了一份立即生效的声明表示：流通中的所有劣币，都将被贬值至尽可能接近它们本身的价值；所有上交给造币厂的劣币，以新的比例评估其价值，并按相等的价值交换新铸币。

这一重新评估和重铸的庞大工程甚是彻底。价值接近70万英镑的减色货币被重新铸造。一位早期的历史学家惊呼：女王实现了对劣币这个丑陋怪兽的征服。从此，英镑在世界市场重树信誉，英国商人开始携手世界市场。此后，英镑平稳走过了令人惊叹的300年路程。英镑币值稳定，还产生了意外的影响。

此前，面对减色货币，政府发行公债，人们不愿意买。为什么呢？因为人们害怕政府当无赖：现在买了公债，未来政府用减色的货币偿还，自己岂不是大大亏了。政府想向全体人民赖账，人民群众的眼睛可是雪亮的。

伊丽莎白稳定了英镑，重组国家金融，人民群众对政府就有了信心：英镑稳定，金融资产得到保护，让投资人感到安全，政府就可通过发债借款扶持工业发展，这就促发了后来的工业革命。

所以，货币问题极其重要！1603年，伊丽莎白一世去世。她最后一次向议会发表演讲时说："像所有明白是非的国君必须做到的一样，我乐意听你们争论问题并讨论其利弊，我对你们的观点永远不存在偏见！问题就是问题，勇于面对，理性解决！政府，切不可向全体人民赖账！"

无所不炒的钱[①]

1848 年 2 月，英国伦敦一个单行本册子的发行震惊了世界。“一个幽灵，共产主义的幽灵，在欧洲游荡。”这句话拉开了《共产党宣言》的序幕。这个号召无产阶级推翻资产阶级的宣言，在世界掀起了惊涛骇浪。

“全世界无产者，联合起来!”这句话结束了《共产党宣言》的论述。在资本雇佣劳动的企业制度中，资产阶级和无产阶级的矛盾，那是不可调和的。马克思坚信：“无产者在这个革命中失去的只是锁链。他们获得的将是全世界。”马克思的鸿篇巨制《资本论》更是敲响了资本主义的丧钟。

马克思若地下有知应该很高兴：2018 年法国愈演愈烈的“黄背心运动”及其全球蔓延的影响，似乎正在验证着《资本论》的正确性。马克思看到中国应该很惊诧：泛滥的货币，正在爆炒中国，资本和劳动，是在掰手腕，还是在握手，令人有些分不清了!

2018 年 12 月末，中国广义货币量为 182.67 万亿元。2017 年 12 月末，中国广义货币量为 167.68 万亿元。2018 年增加了将近 15 万亿元，货币还是汹涌而来呀。中国经济面临的最大问题，就是由 182 万亿元货币之水形成的“堰塞湖”问题。“堰塞湖”不能决堤溃坝呀，否则后果不堪设想。

解决问题的关键在于泛滥的货币之水如何顺流而下，有效浇灌实体经济之田。这些货币之水，愿不愿意去浇灌实体企业呢?从本意讲，泛滥的货币最愿意追逐资产价格，炒炒楼、炒炒股，钱生钱，而不愿意追逐消费品价格，毕竟谁有了钱后会买一火车的矿泉水呢?

2003 年以来，泛滥的货币爆炒中国楼市。上涨的不是房价，而是货币供应量。为引导货币之水浇灌实体经济之田，中央说：房子是用来住的，不是用来炒

---

① 本文发表于 2019 年 1 月 20 日，标题有改动。

的。2018 年 7 月 31 日，中央开会说：坚决遏制房价上涨。总之，中央不让人们炒房了。那么，货币之水会不会流向实体经济呢？

炒房，房东把所有权卖了，就是所有权流动了。“房住不炒”，政府运用铁手腕紧紧摁住房子所有权流动的可能性。然而，房子所有权流动的可能性还没有被完全摁住，房租竟然飞起来了！房租飞，那是房子的使用权越来越贵了！房子的使用权可能产生金融属性了。不让炒房子的所有权，资本就握手中介，垄断房源，小心翼翼地炒炒房子的使用权。

货币之水在楼市转来转去还不过瘾，不小心就会碰到行政之手。那就响应号召，到实体经济去看看吧！推开实体经济的门缝一看，又是一个桃花源。

2004 年以来，中国的用工荒一直持续，未富先老。货币之水，最喜欢稀缺的东西。工人稀缺了，那就炒炒“工人”。于是，资本和劳务公司握手了。

企业招工，每小时工资 18 元；劳务公司招工，每小时工资 20 元。企业涨薪，劳务公司随涨。求职者蜂拥而至劳务公司。劳务公司招到工人后，和企业谈判，再把工人输送到企业。

不看不知道，一看吓一跳。“嗨经济”调研发现：多家企业自招工生产线与劳务工生产线并存；完成同一个工艺环节，自招工只需要用 10 秒，劳务工却需要用 30 秒；企业老总很无奈地感叹，缺人手啊，资本势力太强大。

金融资本握手产业工人，围剿产业资本啊。那为什么企业不用“机器换人”呢？机器换人，需要大量的钱投入呀。更为重要的是，机器换人的前提是要有足够的订单量。没有足够的订单量，无法保障生产线运行的可持续性，企业损失可就更大了！所以，市场的“订单量”就是一切呀！

资本炒炒“工人”，觉得实体经济领域有利可图，炒“生产要素”，是有钱赚的。你看资本，又一次发现了一片蓝海——炒“厂房”。实体企业，如果市场拓展得好，想扩大生产，就要有空间呀。

土地，那可是任何地方都无法补的短板。土地可是最稀缺的资源。想拿到土地建厂房，那是需要时日的。市场机会稍纵即逝，怎么办？只能租厂房！资本又来了，提前租了厂房，或者购买了厂房，然后和需要租厂房的企业谈判，金融资本的势力又一次彰显。

“嗨经济”调研发现：某发达城市房地产爆炒后，资本来到了附近制造业集聚区，硬生生把厂房房租炒了起来。本该流入实体企业的资本，却开始爆炒实体企业所需要的生产要素。

决策者可能没有想到！谁能想到，一切资源，都可能具备金融属性呢？

汇率：一场游戏一场梦[①]

有栋金碧辉煌的大楼坐落在莫斯科的高尚住宅区。那面飘扬的星条旗表明，这是美国人的地盘——美国驻莫斯科大使馆。谁能想到，在2001年美国人只需要付大约3美元的租金，这简直是免费租住。

俄罗斯那么慷慨吗？不是的，俄罗斯为此伤透了脑筋，甚至将此事提交国际仲裁法院裁决。这一切，都是汇率惹的祸。

1985年，美国与苏联签订了一份为期20年的租房合同。合同规定，美国每年应当支付7.25万卢布的租金。按照当时苏联官方比价，1美元约合0.87卢布，约8万美元的租金。

但这个合同没有考虑汇率波动问题，没有规定房租要与美元汇率挂钩，也就没有卢布汇率波动的应对措施。当时，苏联人对本国货币还是很有信心的。当然，这份信心来自苏联的经济总量约占美国的2/3。这是世界老二的信心，卢布将是坚挺的。

1991年，苏联解体后，卢布汇率一跌再跌。90年代中期，卢布又实行了小额化，每1 000旧卢布改为1新卢布。结果，这笔租金，现在只值约3美元。看来，汇率问题，还是不容小觑的。

21世纪以来，经济发展了，国人有钱了。国人有钱了，就想出去转转，走出国门，开开眼界。欧洲小镇，田园风情，是很多人的向往。然而，汹涌而入的游客，却使欧洲人有点错愕。他们很难理解，为何众多游客喜欢随地解决“内急”问题？一时间，国内外媒体吵吵嚷嚷，指责游客素质低下。

其实，这又是汇率惹的祸！当时，1欧元大约为10元人民币。在欧洲上一次公厕，每人要花0.5欧元，相当于5元人民币。在国内上一次公厕，每人要花

① 本文发表于2018年7月4日。

0.5 元人民币（后来国内很多地方公厕免费了）。按照上厕所的效用来算，汇率应该是 1∶1，这相当于购买力平价。但实际换汇汇率却是 1∶10。上一次公厕，要花 5 元人民币，游客还是很心疼的。毕竟，他们在国内没有上过这么贵的厕所。

看来，每一个人对价格都是很敏感的。一位常年在法国的朋友说，在巴黎每月 3 000 欧元的生活，和在广州每月 3 000 元人民币的生活基本是一个水平。看来这是有道理的。

有时候，汇率还真是 1∶1，购买力平价还是很有道理的。游客们的思维惯性，花钱时，不由自主地就把欧元价格乘以 10，想想还是挺贵的。游客们真想 1∶1 呀，1 元人民币相当于 1 欧元，那是相当爽啊！哪个游客不喜欢这样呢？

这几个月来，人民币汇率变化让人有点懵。自 2017 年 12 月以来，人民币兑美元汇率，有些 U 形反转。12 月初到 2 月初，人民币快速升值，汇率从 1∶6.63 升值到接近 1∶6.26！2 月到 4 月，汇率在 1∶6.3 左右徘徊。4 月中下旬开启贬值通道。5 月底汇率贬值到 1∶6.42 左右。6 月汇率开始自由落体式、直线贬值。7 月初汇率已经贬值到 1∶6.7 左右。

3 个月快速升值，3 个月快速贬值。升值，出口商心惊肉跳！贬值，出国族心惊肉跳！汇率升升降降，似乎一场游戏一场梦，但为何会一场游戏一场梦？为何汇率会升值，为何汇率会贬值？

升得离奇，贬得也离奇！升值的离奇，在于当时美联储的加息周期已经很明确了！2015 年 12 月，美联储主席耶伦作出世纪豪赌，对美国经济投下信任票，开始 2008 年金融危机以来的第一次加息；2016 年 12 月，再次加息；2017 年 3 月、6 月，两次加息；2017 年 12 月，再次加息。

美国加息，资金回流美国，人民币应该贬值啊！人民币却开启了快速升值通道，真是离奇！难道这是我国中央银行在汇市上进行操作对冲的结果？如果是这样，那我国人民真是太幸福了！

但仔细想一想，那要花掉多少炮弹啊，这是需要消耗真金白金的外汇储备呀！我国央行真的能“接”这么大的“单”，让人民币快速升值吗？我国央行难道不怕出口商破口大骂吗？我国出口商可是喜欢人民币贬值，而不希望人民币升值的。12 月初到 2 月初，人民币快速升值，可能是被动的升值。

谁让人民币快速被动升值呢？那就看谁有利可图了！美联储加息，资金回流美国，华尔街可是希望多流回一些。比如，汇率 1∶6.6 时，1 亿美元进入中国，换成 6.6 亿元人民币。如果能够诱导人民币升值到 1∶6.0，那 6.6 亿元人民币就可以换成 1.1 亿美元。通过诱导人民币升值，之前流出的美元就多了 10%。

华尔街是怎么做到的呢？那就是借助美元指数魔术了！美元指数构成，没有人民币什么事儿，具体为欧元（57.6%）、日元（13.6%）、英镑（11.9%）、加拿大元（9.1%）、瑞典克朗（4.2%）、瑞士法郎（3.6%）。只要美元兑欧元贬值，那就会间接让美元兑人民币贬值。那人民币就升值了。

似乎对华尔街来说，这都不是事儿！人民币升值了，更多的海外美元回流美国，中国产品出口美国的价格竞争力下降了。

那为何 4 月至 7 月初，人民币快速贬值呢？从 2017 年 12 月开始，美联储缩减资产负债表的行动有序开展了，美联储 3 月 20 日的加息，进一步诱导资金回流美国。特朗普 3 月 23 日下令发起“301 调查”，一时间贸易战风声鹤唳，资金回流美国避险情绪愈演愈烈。更何况，华尔街诱导人民币升值的成果已经显现，其阶段性使命已经结束。

该到人民币贬值的时候了！华尔街一收手，人民币就进入贬值通道了！6 月 14 日，美联储再次加息。人民币贬值更快了！7 月 2 日、3 日，连破 10 个关口，真是让人瞠目结舌！人没走，钱想走。美联储加息的逻辑，媒体喧嚣的误导，有产阶级乃至普罗百姓的行随心动，这一次，有点贬值预期自强化的味道了！汹涌而出的游客，心中多么渴望美元兑人民币 1∶1 呀。即使这一目标短期内无法实现，他们也不希望目标渐行渐远。

水果不是用来吃的，是用来炒的[①]

“生命诚可贵，爱情价更高。若为自由故，两者皆可抛。”可见自由是弥足珍贵的。对于美好生活而言，财务自由是至关重要的。怎么才算实现了财务自由呢?

近期，小伙伴们见面时常问一句话：“你实现水果自由了吗?”如果水果想吃多少就吃多少，想买多少就买多少，那就是水果自由了。小伙伴们之所以这样问，是因为他们被水果价格惊呆了。

2019 年 6 月，居民消费价格指数（CPI）同比上涨 2.7%，其中，鲜果价格上涨 42.7%。2019 年 5 月，居民消费价格指数（CPI）同比上涨 2.7%，其中，鲜果价格上涨 26.7%。2019 年 4 月，居民消费价格指数（CPI）同比上涨 2.5%，其中，鲜果价格上涨 11.9%。2019 年 3 月，居民消费价格指数（CPI）同比上涨 2.3%，其中，鲜果价格上涨 7.7%。春节过后，水果价格一路高亢前行。

中产阶级一次又一次地被无情打击，自己怎么连水果都吃不起了？中产阶级被房子打击，被孩子教育打击，这一次竟然被水果打击。为什么会这样呢?

浸淫经济学多年的我不得不承认一个事实：这个世界的面貌，是被经济学原理改变的。具体说来，它是被两条线改变的：一条是需求曲线，一条是供给曲线。两条线相交的点，供给和需求相等，生产者和消费者你情我愿地完成交易，这是一个理想世界。

现实世界是，供给和需求经常不相等。恰恰是这一不相等，才有了人们赚钱的机会。当需求大于供给时，人们就通过做多赚钱。当需求小于供给时，人们就通过做空赚钱。这一供求缺口，如果有了货币力量的加入，赚钱机会就变多了。很多时候，我们需要记住一句话：上涨的不是价格，而是货币量。价格快速上

① 本文发表于 2019 年 7 月 12 日。

涨，一定是因为太多的货币在追逐太少的商品。

在普罗大众的美好生活中，水果本是平常物。我们吃水果，是为了营养，为了口感，为了生理需求。近期水果价格尤其是苹果价格的一路奔腾，确确实实与去年春天天气不好导致果树结果数量下降有关。

今年春天，水果供给青黄不接，供不应求，产生了供求缺口。这引起了价格上涨，是可以理解的，也是符合逻辑的。但人的生理需求毕竟是有限的，谁能一天吃上 10 个苹果呢？基于生理需求的供求缺口也是有限的。

水果价格上涨，可以理解。但水果价格奔腾式上涨，就不好理解了。水果仅仅是用来吃的，不足以支撑其价格奔腾上涨。

可见，水果不仅仅是用来吃的，不仅仅是用来满足生理需求的，更大程度上是用来满足心理需求的，是满足人们赚钱的心理需求的。

基于生理需求（吃）的供求缺口，只是一个噱头，是一个发令枪。枪声一响，资本汹涌而来，苹果期货合约价格上涨了，现货市场价格上涨了，销售商开始囤积惜售了。基于生理需求（吃）的供求缺口，硬生生地被放大了。水果价格奔腾上涨了，中产阶级被无情打击了。资本赚钱的心理需求，大大限制了人们吃水果的生理需求。这造成的结果是：水果不是用来吃的，而是用来炒的。“苹（凭）什么”，真真实实改变了现实世界。这都是货币惹的祸，这个世界真难过。

其实，也不难过，我们摸透经济学原理即可。

“没有钱”比“不值钱”更可怕[①]

关于钱，人们有一个共识：钱不是万能的，但没有钱是万万不能的。因为钱的的确确影响着人们的美好生活，钱的的确确具有民生意义。钱就是一面镜子，反映了个人努力和经济形势，有时候，经济形势决定着个人的钱运。

当前经济形势，有点乱云飞渡“难”从容的味道。我们“怎么看”，决定着我们下一步“怎么办”。2019 年 10 月，全国居民消费价格指数（CPI）同比上涨 3.8%，创 2012 年 1 月以来的新高（当时为 4.5%）。似乎通货膨胀（物价持续上涨）已经汹涌而来了。央行行长亦应时发表文章说，不能让老百姓的钱变“毛”了。这是央行的法定职责，《中国人民银行法》说：保持币值稳定并以此促进经济增长。

大家似乎对通货膨胀谈虎色变。通货膨胀，钱多了，太多的货币追逐太少的商品。上半年的苹果，下半年的猪肉，价格一飞冲天正因如此。物价持续上升，购买能力下降，钱变得“不值钱”了。通货膨胀就是一个小偷，悄悄地就把老百姓的钱变得“不值钱”了。老百姓对通货膨胀是深恶痛绝的。至于钱到哪儿去了，这个谜底以后再揭晓。

通货膨胀，我们不喜欢。但当前是不是通货膨胀？对这一问题的研判至关重要，对症下药很关键。如果是，那就吃治“通胀”的“紧缩”药，顺理成章。如果不是，却被认为是“通胀”，吃“紧缩”药，那就雪上加霜了。

有人说，10 月猪肉价格涨 101.3%，占 CPI 同比涨幅的三分之二；如果扣除掉猪肉价格，可能就是通货紧缩（物价持续下跌）了。通货紧缩，物价持续下跌。买东西便宜了，对居民来说，这是不是好事情？

就个体而言，这是天大的好事情。谁不喜欢物美质优价廉呢？谁不喜欢价格

---

① 本文发表于 2019 年 12 月 4 日。

趋向于零呢？谁不喜欢免费呢？但天下没有免费的午餐。如果有，背后一定是交叉补贴，一定有人为此付费。

通货紧缩，就是太多的商品追逐太少的货币。物价持续下降，企业连成本都收不回，那就只能少开工甚至倒闭了。一个企业不行了，其上下游的企业也可能出现问题，甚至也不行了。一群企业不行了，那事儿就大了。可见，通货紧缩的传染性很强。一群企业不行了，职工没事儿干，甚至失业了，那就没有收入了，没有钱了。一群企业不行了，产出不行了，政府也就没有财政收入了。央行乃至中央政府的经济增长目标也就实现不了了。通货紧缩，企业没有钱，职工没有钱，政府没有钱，事儿就不好办了。

所以，通货膨胀是“不值钱”，通货紧缩是“没有钱”。谁更可怕呢？显然是后者。当然，最好的情况是币值稳定并以此实现经济增长。用通俗的话来说，钱既不会变“毛”，还不会变“少”，甚至可能变“多”。但央行肯定说，“这太难了！”

难也罢，易也罢，总之有一条：对当前经济形势的判断千万不能错。无论是解决“没有钱”的问题，还是解决“不值钱”的问题，都不能吃错药。总之，若真正考虑钱的民生属性，那就要有个优先顺序：解决“没有钱”的问题，先于解决“不值钱”的问题。这个顺序，很重要！

中央银行的对手[①]

中央银行，释放着充满母爱的货币之水，滋润着企业和居民。中央银行的力量是强大的。她面对疫情，毫不畏惧，释放大量货币之水，把整个市场作为对手盘，一定要对冲经济下行的态势。所以，一般人很难也没有能力和中央银行对着干。

然而，中央银行发现，母爱主义并不一定能够哺育到真正需要哺育的孩子。中央银行知道，自己并不能直接给孩子发钱，而是要借助金融机构之手，才能够缓解企业和居民的资金之困。但金融机构可是嫌贫爱富的，可是绝对厌恶风险的。钱，放贷给谁，金融机构心中自然有杆秤。

疫情冲击之下，中小微企业最需要钱，实体企业最需要钱，制造业企业最需要钱。但金融机构恐怕最不喜欢这些资金流可能出现问题的客户，会发自内心地“惜贷”。这样，最需要钱的人往往是借不到钱的。中央银行最想哺育的孩子往往得不到哺育。金融机构会把钱借给谁呢？谁有高质量的抵押物，金融机构就借给谁。

环顾我国，一切都不可信，唯有房产独占抵押物的鳌头。于是乎，有房是资金的通行证，无房是资金的墓志铭。中央银行货币之水流向何处的分岔点在于：有没有房产？有房者，押房产，获资金，再炒房。无房者，无资金，看炒房。

有人说，中央银行的货币之水，有些是定向的，是必须放贷给实体企业的。但在疫情冲击订单消失的情况下，企业会不会去银行借钱呢？即使以经营之名借到了钱，企业会不会踏踏实实生产呢？企业会不会看看哪儿赚钱多就投向哪里呢？

近期，深圳楼价疯涨的逻辑就在这儿，有钱，有标的，那就快进快出。这不，中央银行开始出手，要严查经营贷流向房地产市场的现象。

---

① 本文发表于2020年4月21日，标题有改动。

中央银行可能已经发现，自己面临的不是一个对手盘，而是 n 个对手盘。每一个对手盘，都被自己的利益驱动。中央银行很难做到普降甘霖。这一切取决于：货币之水的本质在于流动。货币之水流向何处不是中央银行能控制的。任何人借到新增的货币，只有交易出去才能获利。而利来利往，那个纷繁复杂的利益图景，中央银行只能雾里看花。其结果是，越有钱的人越容易先接触到中央银行新释放的钱，越先获利。需要钱的人天然是中央银行的孩子，但一得到钱，就可能变成中央银行的对手。

看来，中央银行没有永远的朋友，没有永远的孩子，没有永远的兄弟，没有永远的敌人。只有永远的利益，永远摆不平！这是中央银行永恒的对手！

快钱为王①

如果你是一个投资人，就爱风险投资（VC 或 PE），看上了我的初创企业。创业初始，我缺钱，那你就给我投钱。1 股 2 元钱，你花了 2 亿元买了 1 亿股。然后，你的团队和我的团队，与第三方（证券公司）一起合作。过几年，我的公司申请上市（IPO）。如果公司成功上市，1 股涨到 8 元钱。那你就把原始股 1 亿股退出，净挣 6 亿元。其中最关键的环节就是 IPO。这是风险投资的主要退出渠道。

风险投资的初心应该是什么呢？风投的过程很简单：融、投、管、退。当然，最终退出是为了赚钱。但赚钱的过程，怎么赚钱，至关重要！你的风投团队和我的经营团队，兢兢业业，如果最终的目标是产出一个更好的公司，为世界提供更好的产品和服务，顺便把钱赚了，那是造福人类的事业。

但如果你的初心就是“快进快出”，就是为了上市（IPO），甚至不择手段地上市，那就是快钱为王了。这样，风险投资的初心就从“更好的公司”变成了“更快地赚钱”。按照资本的逻辑，这没有什么错。

毕竟，就长期而言，我们都死了！但对股民而言，他们可能短期就死了，尤其是碰到被包装上市的垃圾公司时！快钱为王似乎成了这几年的创业公司方向！君不见，共享单车押金难退，单车围城，一片狼藉。为什么那么多共享单车等互联网平台公司出问题？是它们经营模式出问题了吗？还是公司的初心出了问题？

本来，作为互联网共享平台的公司，赚钱是王道，必然要是一个营利组织。盈利主要有四个来源：一是押金与分时租赁收入，押金相当于无息融资收入；二是广告收入；三是大数据收入；四是融资收入。

企业目标应该是为消费者提供更好的产品和服务，从而获得可持续的现金流。租赁收入、广告收入和大数据收入等营业收入应该占主导，企业应该谋求营

① 本文发表于 2020 年 4 月 4 日。

业收入最大化和利润最大化。

但现实中，企业不是谋求营业收入最大化，而是谋求企业估值最大化。估值最大化，可以使投资人和创业者快速在资本市场上变现退出。估值最大化目标，驱使企业重视押金和市场份额最大化，吸引天使投资、创业投资、风险投资等进而谋求融资收入最大化。

企业的目标不是通过融资实现更好的服务，而是通过快速扩张市场实现估值最大化和融资最大化。这样，企业就走向了金融属性。资本不在乎供给是否过剩(所以出现了“单车围城”现象)，只在乎能否快速赚钱，市场从而呈现出资本泡沫，互联网共享平台成了类金融公司。上半场，公司谋求市场规模和融资收入，“跑马圈地”，呈现出金融属性。资本泡沫破灭后，进入下半场，重构调整，公司归根结底要靠主营业务，没有可持续的盈利模式，就不可能长久存在。这是百年品牌的根基。

这两天，瑞幸咖啡（Luckin Coffee）刷屏了，因为伪造交易22亿元，在美国纳斯达克股价暴跌。

细细想来，为什么浑水公司就喜欢做空在美国上市的中概股公司？浑水公司并没有什么伟大的爱国主义情操，就是为了赚钱。逻辑很简单，就是苍蝇不叮无缝蛋。浑水公司盯上中概股公司，实际上是看到了中概股中许多公司“快钱为王”的逻辑。

2025 年我们有多少钱？①

2020 年，最重要的事情就是展望未来，“十四五”（2021—2025）规划就要来了。作为普罗百姓，我们最关心的事情就是，到了 2025 年，中国经济系统中有多少钱可以花？每月 10 日或其后，中国人民银行会公布截至上月底的广义货币量（M2）。

2020 年 9 月底，M2 为 216.41 万亿元，如果按照 1 美元兑 6.75 元人民币算，我们的 M2 约为 32 万亿美元，是全世界第一。而美国 M2 只有约 18.6 万亿美元。如果 M2 除以 14 亿人，我们人均约有 15.5 万元钱可以花，这个人均量还是比较大的。可以预见，2020 年 12 月底，我们的 M2 将约为 220 万亿元。

在这个基数上，展望 2025 年，我们可以花的钱，规模将是可以想象的。如果 M2 的年均增速为 10%，$220 \times (1 + 10\%)^5 = 354$ 万亿元。如果 M2 的年均增速为 8%，$220 \times (1 + 8\%)^5 = 323$ 万亿元。如果 M2 的年均增速为 6%，$220 \times (1 + 6\%)^5 = 295$ 万亿元。可以预见，2025 年，我们可以花的钱将大概率超过 300 万亿元。

2025 年，钱超过 300 万亿元，人口不到 15 亿，人均可以花的钱将超过 20 万元。2025 年人均可以花的钱（超过 20 万元）比 2020 年人均可以花的钱（超过 15 万元），增加了约 5 万元，这个增量是很大的。

货币之水汹涌而来，而将去向何处呢？无论是个人、企业家，还是市长、省长，都要回答一个问题：如何募集大量货币之水的一部分，使它紧紧地团结在个人、企业、地区周围，为我们的美好生活服务呢？

① 本文发表于 2020 年 10 月 29 日。

城市即人

嗨东北

东北话

这是一座才华折现之城

全球人与地域人一起飞

深圳全面智能无人化

温州的市场化之路

区块链会成为谁的掘墓人?

智能经济：让你一次“爱”个够

堵车乃人为短缺，与免费无关

嗨东北[①]

2017年，北京大学林毅夫团队发布的《吉林省经济结构转型升级研究报告》认为，吉林应转变重工业赶超战略思维，率先弥补轻工业短板，根本出路在于从“违背比较优势型赶超战略”转轨到“遵循比较优势型发展战略”。

一石激起千层浪，各路人士纷纷发表见解，或扬或抑，甚是热闹。其实，这场争论是无解的。公说公有理，婆说婆有理，逻辑各有不同；即使逻辑起点相同，其后的演绎也是分岔很多。

我不是东北人，也没有去东北做过详细调研。没有调查，就没有发言权。我不想参与争论，而是想跳出来，谈谈何谓比较优势？这是研究报告观点的根基，也应该是争论的逻辑起点。

比较优势是什么，专业人士很清楚，但普罗大众对这个词的意思可能有些迷茫。

我喜欢看篮球，但时间有限，每年见缝插针地看看美国NBA总决赛。总决赛冠军金州勇士队的库里甚是厉害。那么，问题来了：

如果库里打篮球比保姆好，保姆洗衣服比库里好，库里应该干什么，打篮球，还是洗衣服？当然应该是库里打篮球，保姆洗衣服。这一分工，就是绝对优势理论：每一个人干自己最擅长的事儿。每一个人发挥自己最擅长的优势，两人之间的贸易就形成了。

如果库里打篮球比保姆好，洗衣服也比保姆好，库里应该做什么呢？打篮球，还是洗衣服？当然应该是库里打篮球，保姆洗衣服。为什么？因为打篮球的机会成本（洗衣服的收益）小，洗衣服的机会成本（打篮球的收益）大。这是比较优势理论。

库里文武双全，做收益最大、成本最小的事儿，保姆诸事皆弱，只好干自己

---

① 本文发表于2017年9月3日。

相对擅长的事儿，只好力所能及地去洗衣服。两人之间的贸易就形成了。

对于库里而言，干的都是绝对优势的事儿。只不过，时间有限，精力有限，库里要在所有绝对优势的事中，选择收益大、成本小的事儿来干。

对于保姆而言，只能从自己最擅长的事儿（库里干不好的事），转向相对擅长的事儿（库里干得好但不愿意干的事），尽管这两件事都是洗衣服。

所谓分工，就是你能干什么，能干好什么；别人能干什么，能干好什么。一比较，形成分工，你和别人就产生贸易了。

拥有绝对优势的人是很爽的。谁都想干自己最擅长的事儿，谁都想拥有绝对优势。但这不仅取决于你，还取决于对方。

如果你拥有绝对优势，那就好好发挥吧。如果没有绝对优势，那你就发挥比较优势吧。

比较优势的实质就是天生我材必有用。强也罢，弱也罢，你总能找到用武之地。因为时间精力有限，强者不可能通吃一切。

请记住，一切都在变，强弱之间的转化有时候是很快的。绝对优势并不绝对，库里总有打不动球的那一天，随着时间的流逝，可能自身绝对优势减弱了，可能陷入资源诅咒了，可能受边际报酬递减规律作用的影响了。

也可能，别人通过努力培育了自身的绝对优势。保姆可能发愤图强，洗衣服之余，好好读书，上了好大学，成了某大型公司的CEO。

东北的这场热闹，真是应该好好吵一吵。吵一吵，我们才能清楚东北人和东北地区最擅长干什么，相对擅长干什么；哪些事儿是先天可以干好的，哪些事情是经过后天努力可以干好的。

东北话[①]

2001年秋天，我陪客人到广州星海音乐厅欣赏钢琴演奏会。这是欧洲一个知名的乐团的演出，堪称高大上。

说是“欣赏”，其实我是个乐盲，并不太会欣赏这么高雅的音乐。小时候，在农村老家，我没有得到过音乐启蒙，能教我们唱几首歌曲的老师也是半路出家，可能也五音不全。不过跑不跑调并不重要，重要的是孩子们有得唱，能在田野里放歌即可。

看来，有些事情童年的启蒙还是至关重要的。

坐在高雅的音乐厅，听着钢琴的旋律，沉迷经济学的我，闭目沉思：这家音乐厅，或者说一个国际知名乐团在西部某城市，能不能经营下去？80元一张票，如果仅靠私人消费，能不能卖出去？如果能卖出去，消费者有何特征？

当时的国际钢琴演奏会，对普通居民而言，还是奢侈品，而不是生活必需品。奢侈品，是需要多花钱的，对收入变化是很敏感的，即需求收入弹性较高。

欣赏音乐会的人，要有钱，有时间，要听得懂，要能品味。一句话，这些高雅的东西需要有闲阶级来品味、来消费，高雅的音乐会才会有成长进而繁荣的根基。

虽然坐在那里，我听不太懂，但音乐的旋律还是沁人心脾的。我进而想到，多少年来，社会各方一直提倡要振兴国粹，要振兴京剧。甚至有人提出京剧进课堂，京剧进入高考。但要想靠这种强制性振兴京剧，是很难持续的。

想当年京剧繁荣，是靠一批批票友支撑的，是靠有闲阶级的消费支撑的。票友，就是追星族，有钱，有时间，爱品味。我经常在电视里看到，一些票友边听京剧，边摇头晃脑，很享受的样子。这些票友，追求的是唱腔的字正腔圆。如果

---

① 本文发表于2017年10月15日。

演员唱的有所差错，票友们都能品出来。如果演员唱得很精彩，票友就会发自内心地叫好。消费者是衣食父母，有闲阶级是京剧繁荣发展的根基。培养新时代的票友很重要。

有一个有闲阶级具备特殊的自然属性，那就是东北人。东北这个地区，冬天冷，时间长。秋收秋种之后，闲来无事，没广播，没电视，鲜有报纸，那就在太阳底下唠唠嗑，人是需要交流的。

当年，北方农村的冬夜，说书人很受欢迎，《岳飞传》《三国演义》《水浒传》《隋唐演义》等都很流行。说书人的记忆力和口才是其绝对优势，说书人是令人敬佩的。

但东北的漫漫寒冬，不是靠几个说书人就能支撑过去的。人，还是要自己寻求娱乐的。唠嗑就是要娱乐，就是要笑。

笑是本能的事儿。婴儿在会说话之前，就会对爸爸妈妈吃吃地笑。漫漫长冬，就是要把人笑的本能激发出来，日子才有意思。

漫漫寒冬，唠嗑的频率就高了起来，舌头就溜了。寒冷，意味着语言要热情，要有张力，才能抵得过严寒。语言是具有传染性的，是具有传承性的。达尔文的“物竞天择”法则，是有道理的。

东北人说话溜，是生活在南方炎热地带的人不能比拟的。南方人讲求和气生财，和气才能在炎热中带来一丝清凉，生财能在炎热中带来更大的清凉。

东北人唠嗑，总要有一些话题，除了东家长西家短之外，还是要有些娱乐精神的。娱乐的话题，往往从男欢女爱开始，所以二人转流行开来。

东北的有闲阶级，不是从娱乐别人开始的，而是从娱乐自己开始的。后来，才有了分工，有些人既娱乐自己也娱乐别人了。

娱乐的职业化，就要舞台化、剧场化，哪怕是极其简陋的场地。从二人转演变为到娱乐性话剧（舞台故事）就成了必然，东北的小品也就应运而生了。

有时间，有精力，自我娱乐，娱乐别人，由东北严寒这一自然属性决定的有闲阶级就这样形成了。

历史有时候很有趣。中华人民共和国成立后，国内外大势选择了东北进行重工业发展。20 世纪 80 年代末 90 年代初，国有企业改革如火如荼，要盘活国有企业存量资产，有些人就不能与岗位匹配了。

新的有闲阶级出现了，即东北国有企业的下岗职工。其实，我们不能称之为有闲阶级，因为就业不确定则意味着收入就不确定。一下子很多人没有地方去，东北人天然的语言张力又一次爆发了。这一次，多少有些被动，但也是大势所趋。

毕竟，改革开放以来，人们的生活水平提高了，中央电视台的春节联欢晚会把欢乐传到了祖国大地。人们的娱乐需求似乎被激发了，当然，货币支付能力也提高了。

东北人的娱乐语言基因迅速和人们的娱乐需求相遇了。东北的小品、东北话走出来了。寒冬这一自然属性，重工业这一产业结构特征，阴差阳错地捧出来东北的娱乐精神，捧红了东北话。

路径依赖是无处不在的。互联网时代，娱乐网络化了。90 后、95 后、00 后，这些在富裕社会成长起来的人，把娱乐需求的年龄提前了，把娱乐需求的边界扩大了变得跨越时空了，无边无际了。

东北人，在不同时期的娱乐界是具有人数优势的，这是历史因缘际会的结果，这是东北人的绝对优势，无论是内生的，还是外生的。

这是一座才华折现之城[①]

真是没有想到，2016 年，有一座城市，常住人口增加了 52.4 万人，平均每天增加约 1 500 人，在国内居第一位，远远超过其他城市。所谓常住人口，就是居住超过半年的人口。

看来，这是一座活力之城、魅力之城。这座城市应该有着非凡的吸引力，满足着人们对美好生活的向往，满足着人们日益增长的美好生活需要。人们汹涌而来，却不澎湃而去，或工作，或生活，乐在其中。

这座城市具有极大的包容性。你月薪 5 万元，有你生活的地方，品味生活，你自徜徉；我月薪 5 000 元，也有我生活的地方，生存有道，无须彷徨。只要努力，只要不怕辛苦，总有一个岗位和你匹配，天道酬勤，供求相遇，人尽其才，勤劳折现。

这座城市，是一座真正的国际之城。无论来自发达的北美，还是来自富饶的欧洲，无论你是来自中东，还是来自非洲，似乎总有容身之地，总有生存之道，尽管语言有些不通，尽管产生了一些社会管理问题。也许，这座城市容纳“一带一路”沿线国家和地区的人口居国内前列。

这座城市很少以貌取人。鲜衣华冠，可能是跨国公司高管，也可能是为生计奔波者；拖鞋布衣，也许生活拮据，也许身价不下千万。所以，遇到陌生人，我们没有必要猜猜猜。穿衣戴帽，是为了自己的需要，而不是为了别人的眼光。

进入商场，几乎每一个销售人员都颇有王熙凤“丹唇未启笑先闻”的风采，“欢迎光临”迎宾人。无论交易是否成功，无论在那儿搜寻多久、试穿试用多久、价格谈判多久，店员都是满面春风，即使不购买，顾客也是伴随着“欢迎下次光临”的和悦声离开。

---

① 本文发表于 2017 年 11 月 25 日。

这座城市的商场和饭店都深知重复博弈的商誉意义，鲜有一次性博弈的欺诈行为。优质的服务折现了。这是市场经济“和气生财”的真谛之城！

这座城市的“12345”市长热线，可能是最繁忙的热线。人们反映的问题必有记录，必有反馈。这条热线是一条集思广益的热线。市民若发现哪儿有交通拥堵黑点且是由路线规划问题造成的，便会拨打热线过来，交通部门会从善如流。这一集思广益，增加了城市的流动性，把城市的生产要素折现了。

这座城市的管理部门，微小之处也是不马虎的。有一次，我因研究工作需要查找一组数据，无处可寻，抱着试一试的想法，拨通了某一部门的电话，接电话之人不知这组数据详情，便说留下电话，问问情况后回复。我本想此事就此了了，谁想第二天接到电话，对方很详细地告知了数据所在。

但正是管理部门的“小”，换来了城市的“大”。管理部门的“弱势”，把整座城市都折现了。

2017 年 11 月 17 日清晨，我接到一个在美国访问学习的朋友的电话，说北方某“985”高校的一位知名教授准备到这座城市的一所大学组建研究团队，盛情邀请他参加。知识精英汹涌而来，持续已久，因为知识在此可以尽情折现。

这座城市就是我工作的城市。她有云山，有珠水，有那个五彩缤纷摇曳的“小蛮腰”，还有对岸那个霓虹闪烁的花城广场。

珠江两岸璀璨的灯光，五彩缤纷的霓虹灯，光彩夺目的游船，不仅仅是靓丽的风景线，更是一条光彩夺目的产业链，或者是一幅错综复杂的产业图景，产生着源源不断的现金流。

莎士比亚说：城市即人。

每一个人都怀着梦想而来，每一个人都有自己的才华，虽然能力有差异，但每一个人的才华总能找到折现的地方。人生出彩，依据能力，梦想成真。

新时代，尤其需要才华折现的地方，需要“流动中的魅力充满着朝气”，“有勇气就会有奇迹”的地方。

这是一座真正的才华折现之城，她的名字叫广州。

全球人与地域人一起飞[①]

2019年1月22日至25日，瑞士小镇达沃斯，阳光灿烂，空气清新，山峰白雪皑皑。徜徉其间，本应心旷神怡，充满着对未来的想象。然而，这几天，汇聚于此的学者却有些焦虑和不安，似乎四处弥漫着不确定性。

人们来达沃斯是为了参加2019年世界经济论坛（World Economic Forum），一个具有重要影响力的会议。会议主题是“全球化4.0：打造第四次工业革命时代的全球架构”。这意味着我们进入了以数字为纽带的全球化新时代。世界经济论坛创始人兼执行主席克劳斯·施瓦布强调：“全球化发展已进入新阶段，各方应努力保证未来的全球化发展更具包容性和可持续性。”进入全球化4.0时代，世界为什么会弥漫着不安？为何更需要包容性？

回顾历史，从15世纪末地理大发现到1800年，我们可称之为全球化1.0时代。这个时代，全球化的主要力量是国家。从1800年到1990年，我们可称之为全球化2.0时代。这个时代，全球化的主要力量是跨国公司。1990年以来的近30年，我们可称之为全球化3.0时代。这个时代，全球化的主要力量是个人。现在，我们进入全球化4.0时代，全球化的主要力量是数字。

托马斯·弗里德曼说：“世界是平的。”人们以前所未有的方式，以更平的方式互相联络，互相竞争，互相合作。在这快速变平的世界里，时空似乎都被压缩了，时空似乎又都被放大了。变平的世界，不断创造着我们拥有的一切，似乎又摧毁着我们所拥有的一切。正如马克思所言：“一切坚固的东西都烟消云散了。”全球化在不可逆转地前行着，我们所有人都被全球化了，数字信息似乎瞬间可达。不同的人在这个变平的世界里发生着不同的故事。

全球化新时代流动的自由在悄悄地影响着不同的人、不同的阶层、不同的地

① 本文发表于2019年2月26日。

区。一个自由流动的全球人主导的世界扑面而来。

对全球人而言，距离不再有任何意义。他（她）们携带资本，携带信息，携带规则，自由穿行于每一个角落。他（她）们自由地把握着利基市场，冲向每一个高利润的市场、每一个高利润的公司。他（她）们可以随意迁移，今天在香港开会，明天在达沃斯赏雪，后天在巴黎喂喂鸽子。

而迁移之后的后果，却留给了地域人——那些囿于空间限制不易流动的人。资源的修复，垃圾的处理，机遇稍纵即逝，市场急剧波动的损失，都影响着地域人。地域人面临着更大的不确定性，面临着更大的不确定的生存保障。

流动的自由似乎成了筛选工具，把全球人留下来，把地域人淘汰走。更为重要的是，居无定所的全球人及其资本已经把许多国家（地区）的政策冲击得七零八落，使传统治理的框架体系越来越充满不确定性。正如齐格蒙特·鲍曼所言："没有一个国家，能长达数天顶住'市场'的投机压力。"

全球人制定世界运行的游戏规则；地域人无可奈何地眼睁睁看着自己的生活越来越差，心里纳闷：到底是哪儿出了差错，为什么生于斯长于斯的地方，让自己感受到了些许痛苦？于是，地域人将产生的疑惑，甚至愤恨，转化成了行动。

全球分离主义、逆全球化就这样产生了。于是乎，《21 世纪资本论》用一句话总结了全球化时代的无可奈何：人，生而不平等！作者托马斯·皮凯蒂成为 2014 年度最红的经济学家。

皮凯蒂的观点着着实实冲击了世界，也着着实实冲击了他的祖国——法国。2018 年的法国，"黄背心"运动风起云涌，把年轻的法国总统马克龙折腾得心神不宁。全球化新时代，亟须解决新问题：全球人能否携手地域人，一起飞？

在全球化新时代，人类既是一个利益共同体，又是一个风险共同体。我们必须正视这个时代人类社会最宏大和最重要的问题。这也是粤港澳大湾区建设所面临的重大问题之一。全球人能否以及怎样携手地域人？面对时代之问，粤港澳大湾区能否成为"包容他者"典范？大湾区建设，必须正视全球人与地域人的分层问题。若这个问题解决了，大湾区建设也就具备了世界示范意义。那时的世界也许就没有那么多焦虑和不安了。

深圳全面智能无人化[①]

说到深圳，我心向往。1982 年，我在河南农村上小学三年级。班主任常常教育小学生的话就是："好好学习，天天向上！"有一天，班主任突然说："时间就是金钱，效率就是生命。"这是什么意思呢？班主任的意思是要我们抓紧时间，好好学习。这句话的本意呢？我们小学生并不理解。班主任的一个亲戚从深圳打工回来带回来的这句话，借班主任之口传到了我们的耳朵里，留在了我们的记忆中。

1992 年，无论是校园，还是街市，到处都飘扬着《春天的故事》这首歌。正在上大二的我们知道，邓小平同志视察我国南方多地，到了深圳。我们争相传阅《东方风来满眼春》。邓小平同志说："计划多一点，还是市场多一点，不是社会主义与资本主义的本质区别……计划和市场都是经济手段。"我们知道，深圳的市场活力成为邓小平同志这句决断性研判的有力佐证。我突然明白了，"时间就是金钱，效率就是生命"的背后是市场活力。

1993 年暑假，大三结束，我开始实习。睡在我上铺的兄弟到深圳实习，在一个公司组装电脑，操作软件和硬件。开学之后，他给我们讲述那个"时间就是金钱，效率就是生命"的深圳。我突然明白了，深圳是追逐时间的地方，全国的年轻人都到深圳逐浪了。

2000 年我到广州工作，离深圳近了，终于可以到深圳看看了。神奇的深圳，就具有这么神奇的吸引力。我到火车票窗口花 2 元钱办了个边防证后突然意识到特区之"特"了。特区是有进入壁垒的。2 元钱不多，但心理壁垒很高，也使人感觉深圳更加神奇。

后来，边防证取消了。到深圳的人多了，但也没有如春运般涌向深圳。学经

① 本文发表于 2019 年 3 月 24 日，标题有所改动。

济学的我突然明白，深圳是有壁垒的。“时间就是金钱，效率就是生命”就是壁垒。一切适应“时间就是金钱，效率就是生命”的人，就在深圳追逐时间；一切不能适应“时间就是金钱，效率就是生命”的人，就要离开深圳。深圳一直在追逐时间。

1992 年邓小平同志视察我国南方多地之后激发的市场化春风，吹遍了我国大地。各地生产能力竞相发展，浦东开发，长三角崛起，给了深圳竞争压力。深圳乃至珠三角通过“干中学”（learning by doing）为全国免费培养熟练工人。乘着中国加入 WTO 的东风，深圳要转型升级了，怎么升级呢？提高“时间就是金钱，效率就是生命”的壁垒。从低端产业迈向中高端产业，深圳需要更能适应“时间就是金钱，效率就是生命”的人。高创新，高技术，高能力，高收入，“时间就是金钱，效率就是生命”的壁垒越来越高。具有创新精神的全球企业家来了，全球资本来了。深圳这只神奇的凤凰展翅了。

2010 年，中国制造业位居世界第一了。全国各地的生产能力都起来了。新工业革命来了，智能化、数字化来了，移动互联来了。大量的资本来了，推高了生产要素价格，推高了房价。深圳需要再一次更快地追逐时间。从制造迈向智造，深圳需要更多更能适应“时间就是金钱，效率就是生命”节奏的人。

制造环节外移了，产业工人走了；生产线技术工人走了，或者正在计划着走。这一过程，如同当年的美国产业转移了，产业技术工人阶层也就慢慢消失了。深圳就成了智能贸易中心，成了智能制造的研发设计中心和软件中心。

一切不能更快地适应“时间就是金钱，效率就是生命”节奏的人，就要离开深圳了。人的精力总是有限的，一直追逐时间的深圳，还在更快地追逐时间。人类已经无法更快地适应“时间就是金钱，效率就是生命”的节奏了。那深圳就只能依靠人工智能了。

这是代表中国奇迹的深圳，又一次演绎了奇迹。大湾区需要这样的奇迹，中国需要这样的奇迹。

温州的市场化之路[1]

1978年12月18日，党的十一届三中全会在北京开幕，拉开了改革开放的序幕。2018年12月18日，庆祝改革开放40周年大会，将在人民大会堂举行。回望40年，每一个人心中都有诉说。温州人也是如此。

可怜的温州人

温州的资源条件让温州人在无奈之中寻求生存之路。一个男孩子到了18岁，如果不继续上学，那就要外出谋生了，否则会遭到鄙视。改革开放初期，浙江人尤其是温州人，跑到全国各地做小生意。千万次的“鸡毛换糖”，无数次的针针线线，带来的是贸易红利。没有学过经济学的温州人，却深深知道并熟练实践“一价定律”。一件东西，只要不同地区价格不一样，那就有钱赚。温州人的贸易红利，就是利用价差做区际贸易。白天黑夜，风餐露宿，温州人不怕苦不怕累，能挣一分钱就挣一分钱。天道酬勤，众人眼中的“可怜的温州人”率先享受了贸易红利。这是20世纪80年代的温州人。

可怕的温州人

率先享受贸易红利的温州人逐步意识到：如果自己生产产品，就能挣到产业利润、生产利润，岂不更好。产业利润（红利）+贸易利润（红利），这个蛋糕很有吸引力。没有读过《资本论》的温州人，用实践告诉世人：产业资本携手商业资本后赚钱是很容易的。行随心动，温州人开始自己生产产品。在商品短缺的市场环境中，只要生产出来，就能卖出去。结果，粗制滥造、假冒伪劣产品出现并充斥着市场。人们谈温州货色变，温州货成了“可怕的温州货”，温州人成了“可怕的温州人”。这是20世纪90年代初的温州人。

---

① 本文发表于2018年12月17日，标题有所改动。

可敬的温州人

温州货卖不出去了。温州人壮士断腕，开始自救。商会、企业、政府等各界人士同心协力，立志要做质量可靠的产品。看不见的手和看得见的手坚定地握在了一起，绝处必须要求生。行随心动，温州货成了驰名中外的温州货，温州人成了可敬的温州人。领带、打火机、纽扣……这些商品产量都做到了世界第一。温州人漂洋过海，世界各地到处都有“温州城”。每一次世界杯足球赛中，都有温州的产品。享受着中国加入 WTO 的全球化红利，温州人真真正正地富了起来。这是 21 世纪最初十年的温州人。

可惜的温州人

享受贸易红利、产业红利、全球化红利的温州人，成为中国的先富阶层。先富阶层开始从产业领域进入资本市场，谋求财产权收益。从温州炒房团到民间借贷的繁荣，温州人赚钱的方式发生了变化。温州人从通过产业赚钱，变成了通过钱来赚钱。但金融的风险及其不可控性，超越了很多人的认知和能力。高利借贷、交叉担保……金融工具的手恣意飞扬。风险敞口涌现，老板跑路，温州人变成了可惜的温州人。这是 21 世纪 10 年代的温州人。

可期的温州人

2011 年国庆期间，温家宝总理到温州视察，显然是有特定意义的。国家领导人到一个地方，这个地方可能有两种情况：特好或特差。特好，这里可能有可复制可推广的经验与模式；特差，这里可能是出了大问题，亟须解决。温总理这一次来温州，是因为温州出了大问题。温州的民间借贷，问题重重，山雨欲来风满楼。温总理到来，就是要解决中小微企业的金融风险问题。这一系统性金融风险问题，如果得不到解决，那就可能成为引发堤溃之蚁穴。经历了风雨，交了学费，做贸易与产业出身的温州人认识到：金融体系要服务于实体经济。行随心动，温州人行动起来，服务于实体经济的金融体系正在培育中。全国人民都在期待温州人能够再次闯出一条新路。

不知道，可期的温州人是否能够回望大历史：中世纪，主旋律是宗教；启蒙时期，主旋律是理性觉醒；近现代，主旋律是民族主义；新时代，主旋律是科技创新。

区块链会成为谁的掘墓人？[①]

阿尔法狗（Alpha Go）为什么能够战胜围棋高手李世石？因为李世石会累，而阿尔法狗不会累。李世石下围棋，就是大脑在思考，是大脑的神经元在工作。神经元处理各种信息，指挥人决策与行动。

但大脑的神经元数量是有限的，神经元也会累。所以，人是有限理性的，边际产出递减规律时刻在发挥作用。有限理性的李世石累了，大脑边际产出递减了。阿尔法狗为什么不累呢？因为它是人工智能（AI）。人工智能，就是无数神经元不知疲倦地收集海量信息进行工作。无数个神经元，就意味着无限理性。人工智能产出可能是边际递增的。

这样，无限理性的阿尔法狗就战胜了有限理性的李世石，边际递增规律就战胜了边际递减规律。阿尔法狗成了围棋高手的掘墓人。战无不胜的无数神经元集合，未来可能遍及生活的每一个角落，比如说情感市场。

无论是魔都的广场，还是帝都的公园，很多父母为子女的婚嫁操透了心，拿着写有子女信息的纸张，进行情感市场匹配。正是因为情感市场匹配的不确定性，部分卫视的婚恋节目颇受欢迎。

情感市场最大的问题是，男性和女性见面时，看不见摸不着的情感偏好和感受能不能匹配？因为人的面部肌肉有无数个组合，会产生无数个表情，也就有无数个含义，所以，才有“女性的心思你别猜”的说法。

未来，人们也许戴上一副人工智能相亲眼镜，就能把这一匹配难题解决了。无数个神经元组成的眼镜，永远在线，读取海量的面部肌肉组合透露的情感信息，然后进行智能匹配。对方发出一个眼神，眼镜就自动提示你对方是什么意思。这就是智能读心术。三言两语过后，双方就清楚彼此是否合适了。这样，智

---

① 本文发表于 2019 年 11 月 15 日。

能相亲眼镜就成了婚恋介绍所的掘墓人，甚至成为婚恋节目的掘墓人，因为人们喜欢看的不确定性竟然不存在了。当然，这也就解放了无数对焦急的父母。

当我们身边遍布许许多多人工智能终端的时候，很多不确定性就变成了确定性。人工智能就成了不确定性的掘墓人。利用不确定性赚钱的部分行业就举步维艰了。当这个时代来临的时候，区块链就横空出世了。

区块链，就是把无数个人工智能终端网络化地连接起来，永远在线，即时处理，持续智能工作。无数个神经元终端无限连接地工作，产出是递增的递增。

浸淫于经济学多年的我深知，一直拿着边际递减的小刀“走天涯”的人，如果再不把小刀换成边际递增的大刀，就可能混不下去了。区块链成了经济学家的掘墓人。当然，这个世界缺几个经济学家是无妨的。

更为重要的是，区块链是无数神经元永远在线，每一个神经元都是一组信息。无数个神经元相互验证信息，作假是很困难的。区块链成了确定性的确定性。

现实世界为什么充满骗子？因为骗子利用了不确定性，利用了信息的不对称性。未来，区块链把不确定永远在线地变成了确定性。全世界热切盼望的信用就真正横空出世了。

信用是社会复杂性的简化机制。正如有人所言：人类心中万物，唯“信用”二字最神奇、最完美；它不为外力胁迫，受制于舆论，也为我们的欲望和恐惧所左右；它会不期而至，亦会无缘而去；一旦失去，便不可再度拥有。

这样，区块链成了信用劣迹者的掘墓人。以信用为基础的社会，能够拥有高预期性与可计算性，使经济社会的一切活动可理性计算。区块链在成为众多行业掘墓人的同时，也为经济繁荣提供了递增的动力和无限空间。

打开大门，迎接区块链吧！

智能经济：让你一次“爱”个够[①]

大千世界，无奇不有，但用经济学的眼光看，万物皆有序。比如一个男性和一个女性，为什么会谈恋爱、结婚？

1992年的诺贝尔经济学奖获得者加里·S. 贝克尔告诉我们，恋爱、结婚，是因为两个人在一起生活的幸福感，大于两个人单身生活的幸福感之和；为什么两个人会分手，是因为两个人在一起生活的幸福感，小于两个人单身生活的幸福感之和。

两个人两情相悦，怦然心动，恋爱，结婚，导致幸福感上升是为什么？为什么会有“情人眼里出西施”，会有“一见钟情”？这正如有人喜欢红色，有人喜欢紫色这些心理偏好一样很难解释。无论怎样，这就是传说中的爱情吧。

关键的问题是，如何寻找爱情呢？怎样才能找到一份真正适合、真正匹配、能够持久的爱情呢？分手，离婚，这些情感世界里的明日黄花告诉我们，一次爱个够是不易的。

在情感市场上，有些人经过千万次的搜寻，也许能够找到那份真爱，也许找到的是份错误的爱情。可见，情感市场匹配充满着不确定性。

怎么解决这个问题呢？现代社会，很多年轻人日理万机，忙得几乎没有时间去搜寻爱情。我们看到，在许多广场、公园里，有很多父母为子女的婚嫁操碎了心，拿着写有子女信息的纸张，进行情感市场匹配。

很多年轻人患了“春节恐婚症”，不敢回家。正是因为情感市场匹配的不确定性，不少省份电视台的婚恋节目颇受欢迎，许多婚恋介绍所依然红红火火。

情感市场最大的问题是男性和女性见面时，看不见摸不着的情感偏好和感受能不能匹配？这是极其不易精准判断的。因为人的面部肌肉有无数个组合会产生无数个表情，也就有了无数个含义，所以，才有了“女性的心思你别猜”的说法。

---

① 本文发表于2020年4月1日。

但人类一直有着“胜天半子”的勇气，办法总比困难多。情感匹配这个千年难题碰到了人工智能，就很容易解决了。未来时期，人们戴上一副人工智能相亲眼镜，可能就把这一情感匹配难题解决了。

为什么呢？这就需要从大脑的思考方式说起。比如，下围棋。一个名字叫阿尔法狗的人工智能机器，为什么能够战胜围棋顶尖高手李世石呢？因为李世石累了，而阿尔法狗不累。

李世石下围棋，大脑在思考，实际是大脑的神经元在工作。神经元处理各种信息，指挥人决策与行动。但大脑的神经元数量是有限的，神经元也会累。所以，人是有限理性的，会判断失误。李世石大脑里的神经元累了，他就可能出昏招。阿尔法狗为什么不累？因为它是人工智能（AI）机器。人工智能，就是无数个神经元不知疲倦地收集海量信息进行工作。无数个神经元，意味着无限理性。这样，无限理性的阿尔法狗就战胜了有限理性的李世石。这就是人工智能的厉害之处。

未来时期，人们戴着人工智能眼镜去相亲，去谈恋爱。这副由无数个神经元组成的眼镜，即时读取互联网上海量的面部肌肉组合的情感信息，然后进行智能匹配。对方发出一个眼神，眼镜就会自动提示对方是什么意思。

这就好像掌握了智能读心术。三言两语过后，双方就清楚彼此是否合适了。这样，智能相亲眼镜就打败了婚恋介绍所，甚至打败了婚恋节目，因为情感市场匹配的不确定性竟然不存在了。

智能经济悄悄地就改变了人们的行为方式。这个战无不胜的无数神经元集合的智能机器（智能终端），未来可能遍及生活的每一个角落。当我们身边遍布许许多多人工智能终端的时候，身边的很多不确定性就变成确定性了。

一旦人工智能机器和区块链携手，那世界就更奇妙了。区块链是无数永远在线的神经元，每一个神经元都是一组信息。无数个神经元相互验证信息，作假是很困难的。区块链把不确定永远在线地变成了确定性。全世界热切盼望的信用机制，这个社会复杂性的简化机制就真正横空出世了。人工智能，让你一次爱个够！这个时代正在到来！

堵车乃人为短缺，与免费无关[①]

现在的人们对闲暇还是偏好的，毕竟工作的心理负效用时常出现。这个国庆假期堪称史上最长黄金周，更加刺激了人们的闲暇偏好。

预想到国人可能会“汹涌而出”，但可能很难“澎湃而至”旅游目的地，我便宅在家中，静观这波澜壮阔的花花世界。当然，这也与我的收入预算约束限制了我的消费选择有关。

果不其然，黄金周大戏再次上演，祖国大地，望长城内外，看大江南北，人头浪，车轮海，“堵”气冲天。

车一堵，人心也堵了，众生相便形态各异了。心一堵，脑袋就热了，有些问题就稀里糊涂了。这不，节日高速路免费政策又被拎出来，当成堵车的替罪羊了。免费政策又一次成了替罪的冤大头，看来我需要用经济学的武器作剖析。

任何社会要想过得好，就要使需求和供给尽快相遇、各得其所。非节日市场与节日市场是完全不同的。

非节日市场是常态的，供给追逐需求。客户在哪儿，产品和服务就会追到哪儿；哪儿有货币选票，产品和服务就会跑到哪儿。只要消费者想花钱，产品和服务就会跑过来，需求很快得到满足。

节日市场是非常态的，需求追逐供给。供给（旅行目的地）不能流动，数量很难增加，在有限的黄金周时间约束内，需求（消费者）就只能追逐供给了。

在时间硬约束下，消费者想最快跑到供给（目的地）那里，本想用空间（高速行驶）换时间（多玩一会儿），谁料合成谬误出现了，结果竟然是用时间（用 5 个小时）换空间（就走了 20 公里）。

这是一种人为的短缺，与免费政策无关。免费政策导致消费者出行增加的前

---

① 本文发表于 2017 年 10 月 3 日。

提是消费者对路桥费这一价格变化极其敏感。

实际上，驾车出行的人们对路桥费这一价格变化是不敏感的。可能免费政策刚出来时，人们有些新鲜，有些敏感。但多次实践后，人们应该逐渐变得理性了。其实，即使征收路桥费，这些中产阶级也是要出游的，毕竟节日时间是稀缺的。

免费政策在一定程度上缓解了拥堵现象。如果不免费，人们开车过收费站时，会耽误更多时间，自然更堵了。

古今中外，需求追逐供给，常态就是短缺，人们有些需求是得不到满足的。这既是由空间距离决定的（供给不流动），也是由时间约束决定的（就那么几天）。

每年都会上演重复的故事，每年人们都会骂一下免费政策。但每一个人扪心自问，谁不愿意免费呢？免费的确会造成公地悲剧。但黄金周的堵真不是免费政策惹的祸，而是“需求追不到供给”惹的祸。谁能保证需求和供给一定能完全契合呢？

谁都能预期到黄金周会堵车，但又有多少人愿意退出这个节日市场呢？如果没有人退出，那此情此景就会年复一年地出现。那怎样激励人们基于自身的利益最大化的目的退出这个节日市场呢？那又要搬出其他的经济学逻辑武器了。

病毒的意外冲击

病毒也懂经济学[①]

病毒（病菌）这个小东西也懂一些经济学，它的目标函数是生存最大化。它以宿主体内的养料为食，它吃了，宿主体内就缺东西了，运行就不畅了，就生病了。让人类生病，是病毒的最大化行为。此时，人类的目标函数也是生存最大化，要想活下去，就要和病毒打架，要战斗，要杀死病毒。战斗就这样打响了！

人类身体免疫功能开始启动，调控体温，发烧，杀死病毒。但如果体温过高，人自身也受不了。身体启动免疫系统，白细胞就雄赳赳气昂昂地赶来了。白细胞就是要和病毒打架，想杀死对方。白细胞可能用闪电战杀死病毒，也可能和病毒打起持久战。如果病毒顽强，持久战不可避免。

要知道，人间很短的时间，对于细胞就是很长的时间。持久战，就带来很多问题。白细胞汹涌而来，可能杀死也可能没杀死病毒，同时还可能误伤其他正常细胞，比如负责输送养分的红细胞。红细胞很冤呐，在输送养分的路上牺牲了。

白细胞，红细胞，病毒，还有它们各自倒下的兄弟，在一个狭小的战场里，发生一场混战。于是人类身体的某个部位就红肿了。新冠病毒的战场在肺部，那肺就不能正常工作了，人就咳嗽了，就呼吸困难了！怎么办？吸氧，这是为了保证身体养分，并不是为了消灭病毒。使用激素，这是为了让免疫系统慢些发挥作用，白细胞少些，不要产生拥堵，并不是为了消灭病毒，要让白细胞打持久战，等患者自愈。用药剂（药品）直接杀死病毒是理想的方式，可惜我们还没有找到这个药剂（药品）。在找到之前，人类只能依靠免疫系统自愈了。

病毒为了生存最大化，人类为了生存最大化，就这样你死我活地干了起来。看不见摸不着的自然选择就成了裁判。

病毒很清醒，把旧宿主杀死了，自己没有了养料来源，饿死了怎么办？那就

---

① 本文发表于2020年2月11日。

要找到新宿主。病毒为了生存最大化就要进行传播。病毒又一次调动自己的经济学思维，谋求传播成本最小化：最好是免费传播（人类吃了含有病毒的不洁食品）；最好能搭便车（蚊子、跳蚤、老鼠等）；最好是人类自己主动传播（人类吃野生动物，疫情时乱窜、不戴口罩）。病毒传播成本最小化，背后其实是人类群体密集化。人越密集，病毒传播成本越小。

一到人群密集处，病毒就撒欢式地狂野起来，有一种“我的地盘我做主”的感觉。游牧时代，传染病很少。因为人是流动的，人和人距离大了，病毒传播成本就大了。农业时代，人类开始定居了，距离近了，传染病更易传播，病毒传播成本小了。工商时代，人类集聚并建立了城市，加剧了传染病的传播。人和人更近了，病毒传播成本更小了。全球化时代，世界贸易路线就把传染病全球化了。这一次，距离虽然更大了，但病毒传播成本却最小化了。

1492 年哥伦布航行带来的新旧世界的“哥伦布大交换”，最重大改变之一是生物式改变。为什么欧洲人能轻而易举地征服美洲？答案在病毒（病菌）。美洲原住民在欧洲病毒面前毫无招架之力。世界贸易路线的发展，把地球连接成一个巨大的病毒繁殖场。病毒肆虐，就是城市病，在大城市肆虐，是病毒的经济学理性逻辑。

病毒喜欢人类集聚。如果不能打败病毒，人类为了生存最大化，只能分散化。但我们不可能回到游牧时代，仗剑天涯；我们不可能回到田园时代，采菊篱下；我们不可能回到“鸡犬之声相闻”的时代，老死不相往来。更为可怕的是，有时候人类不但不能分散化，反而很有可能更加集聚化。

2020 年的新冠肺炎疫情，可能会加剧人们向城市的集聚。因为大城市有着更好的治疗条件。大城市，有着体现人类智慧集聚的医疗资源，更有可能打败病毒。可以预期，未来大城市的房价可能更高；离医疗机构近的房价可能更高。

人们集聚在大城市，是因为公共服务集聚在大城市。这意味着，为了提高病毒传播成本，人类分散化，实现大中小城市的基本公共服务均等化势在必行了。为实现基本公共服务均等化，10 年之前，中央及各地方政府已经行动了，但收效不甚理想。现在，病毒的经济学逻辑告诉我们，理应推进公共服务均等化，我们要勇往直前，阔步前行。谁让人类的生存最大化必须永恒呢?!

口罩：一场猝不及防的压力测试[①]

2020年，新型冠状病毒肺炎这只“黑天鹅”，给我们带来了一场猝不及防的压力测试。

这一压力测试实在巨大且猝不及防。口罩，在这场压力测试中率先登场。爆发式的巨量需求，使口罩一飞冲天，成为战略物资。但紧缺的口罩如何分配？能不能做到底线保障？这是这场压力测试的关键，也是考验治理体系和治理能力的关键。

其实，一个社会的治理体系和治理能力，重点体现在这两个问题的解决：做蛋糕，尽量有效利用资源做大蛋糕；分蛋糕，尽量激励社会成员努力工作。一个国家要想生活得好，就必须生产得好，需要解决四个很重要的问题：生产什么，生产多少，怎样生产，为谁生产。这解决了从“无”到“有”的问题，解决了“有没有”的问题。生产蛋糕很重要！但“有”了蛋糕之后，人民群众能不能过上美好生活呢？危难之时，人民群众能不能得到底线保障？为谁生产，分配蛋糕也很重要！

物资应该怎样分配呢？谁得到什么，得到多少，何时得到，怎样得到？比如，一间教室里有30个学生，只有10个气球。老师如何把气球分配给学生呢？一种办法是让想要气球的学生提出交换条件。“我每天打扫教室，连续一周”“我每天擦黑板，连续两周”，根据学生提出的交换条件，高低排序，分配气球。谁付出的多，谁就优先得到气球，价高者得。这就是价格分配方式。市场经济多是这样的分配方式。

另一种办法是，老师决定哪些孩子能得到气球。“小明同学成绩好，给一个”“小红同学听话，给一个”“小军同学太淘气，不给”，这种由老师完全决定

---

① 本文发表于2020年2月8日。

的分配方式，就是统制配给方式。计划经济，尤其是战时经济多是这样的分配方式。

无论哪种分配方式，每一个人都要理性地争取“为我生产”得多一些。怎么争取呢？价格分配方式，就要靠每个人的能力，人们通过为社会提供更好的产品和服务获得收入，通过市场交易，获得更多生活资源。配给分配方式，人们就要看脸色，接近权力中心，接近资源配置的中心。

其实，采用何种分配方式是一个全球性大问题，是一个大历史问题。发展存在巨大差异的北美洲与南美洲，就是一个分配方式的试验场。想当年，英国人到了北美洲，目标是建立商业帝国；西班牙人到了南美洲，目标是建立征服帝国。商业帝国，靠能力，靠的是才华，奉行的是平等，以法治为基础的游戏规则鼓励企业创新。征服帝国，看脸色，靠的是权力，实质是不平等，以集权为中心的游戏规则服务于西班牙的资源攫取。美洲人民告诉我们，历史就是这样的！

毛主席说：“天若有情天亦老，人间正道是沧桑。”这场压力测试告诉我们，治理体系和治理能力现代化是“雄关漫道真如铁，而今迈步从头越”！

口罩价格：到底谁说了算？[①]

我叫口罩，本是人间平常物。没想到，2020 年春节，我却成了最为抢手的年货。这一切都要拜新型冠状病毒所“赐”。其实，我并不想这么风光，我讨厌病毒打破了我平静的生活。然而，面对病毒，我必须要挺身而出。

我知道，我并不能消灭病毒，但我可以隔离病毒。无论鲜衣华盖之辈，还是引车贩浆之流，无论居庙堂之高的人，还是处江湖之远的人，此刻，都需要我。这是我成为年货的根本原因。但是，我的兄弟姐妹数量有限，远远不能满足人们的需要。我国大地，14 亿人，每天有 5% 的人外出带着我，就需要 7 000 万只。这个数量是巨大的。

的确，我国大地，任何一件事情，只要乘以 14 亿人口，那就是个天大的事情。最近，我很烦。因为我的身价上涨，经济学者吵得不可开交。有人说：“价格上涨是发国难财。”有人说：“价格上涨，可以使更多的人得到我。”我感觉，有些经济学家并不懂经济学，或者说，他们只懂心中小算盘的经济学。我的身价到底该不该上涨？到底谁说了算？

不要听经济学家说，还是听我说说吧，和我一起来一次价格旅程，看看我的身价是怎样形成的。

企业为了生产我，要购买棉纱布等原材料，要用水电，要用机器设备，要雇工人，要缴税费，还要一些合理利润。这是我身价的第一部分——生产成本。

我被生产出来之后，要被送到目的地，物流企业就登场了。物流企业需要车辆油料运输成本、仓储成本、人工成本，要缴税费，要合理利润。这是我身价的第二部分——物流成本。

然后，销售企业就登场了。其进货成本就等于生产成本与物流成本之和。销

---

① 本文发表于 2020 年 1 月 31 日。

售企业进货后，要租房、买设备、雇人卖东西，还要缴税费，挣些合理利润。这样就形成了我的身价，即销售价格。从原材料采购到卖给消费者，我的价格就这样形成了。生产企业、物流企业、销售企业、各企业员工、政府和消费者，都在这趟旅程中。

那我到底该不该涨价呢？这个我说了不算，谁说了算呢？问题说了算！当前最大的问题是我的兄弟姐妹数量严重不足。病毒面前，人无论高低贵贱，无论年龄性别，无论什么身份，都应该有我陪伴。这是一个底线保障。

怎么实现这个底线保障呢？只有我的兄弟姐妹数量充分多，才能有效隔离病毒。怎样才能充分多呢？必须激励生产。春节期间，企业组织协调原材料、设备、员工，尽快复工生产使口罩在市场上流通，生产成本、物流成本、销售成本必然上升，企业也想多挣些利润。

看来，我的身价上涨，首先是一种成本推动型上涨。但是，我的身价一上涨，就和恩泽大众的底线保障的初心背离了。我很痛苦，我太难了！怎么办呢？怎样把上涨的成本对冲掉呢？怎样才能把我的身价降下来呢？此刻，仅靠市场，那我的身价肯定是飞涨，毕竟供求缺口太大了。

怎么办呢？这是考验市长大智慧的时候了！病毒面前，激励生产是头等大事，底线保障同样是头等大事，宜疏不宜堵。市长只有两个选择：胡萝卜或大棒。市长要么补贴企业，冲销上涨的成本，激励企业快快行动；要么进行价格管制，允许一定比例的上涨，《价格法》时刻在手。

市长不能吓着市场，而是要顺着市场，解决问题是关键！问题的优先顺序最关键！说了半天，我的身价，到底谁说了算？面对疫情，我仰天长叹：三分天注定（疫情带来市场变化），三分靠打拼（运营带来成本上升），四分靠威风（底线保障限制比例）。

命就是钱，命更是权[1]

父亲离开我们，已经一年多了。每当想起送别父亲的那最后一眼，我就心如刀绞。痛心，那是血脉之情，那是DNA的强大。更为痛心的是，眼睁睁地看着父亲，生病了，去世了。仅仅半年！从发现病情，到去往天堂。

期间，接父亲到广州求医。那位颇有经验的医生，看看核磁共振结果，诚实地说："可能只有半年多时间了，或许一年，只能保守治疗，喝中药，吃西药了。"我还是追问了一句："难道就没有一点办法了吗?"医生叹了口气说："美国有一种针剂，可能有一定效果，仅仅是可能。""一针换成人民币40多万元，每月一针，一年500多万元。""关键是，国内没有这种针剂。老人家就目前身体状况也不可能走太远。"医生是真诚的，我是无奈的，只能保守治疗了。

我本草民，突然觉得，命就是钱，命好像不全是钱。子欲养而亲不在，痛心！

刚刚，看了《我不是药神》，再次令我想起父亲的事儿。影院里，我听到了哭声。片尾曲时，有一时一丝的静悄悄。"我不是药神"，这个名字起得很好。其含义，与《我不是潘金莲》迥异。

英文名字"Dying to Survive"我觉得更好，应该翻译成"致命生存"，或者"生死囧途"，也许符合主演徐峥的风格。dying，survive，本身就是一个矛盾体。

有两句台词，一下触动了我的脆弱。"命就是钱！""这个世上，只有一种病。穷病！"好像真是这样的。有了钱，选择范围就大了。哪儿能治，就到哪儿治。只要药有效，一切都不是问题。

钱，就是生命的年轮。一个多么无奈的现实，这是达官贵人所体会不到的现实。因为达官贵人只会很不理解地说，"何不食肉糜?"

---

① 本文发表于2018年7月9日

如果仅仅认为影片展示了钱就是命、命就是钱，那就低估了影片制作团队的心。制作团队显然是有更大的野心：与普罗百姓共呼吸，同命运。就是要有真真切切的痛点，切心之痛，却又欲哭无泪。《我不是药神》，提出了一个致命的问题：

我们的生命权，是由谁决定的？药，是有的，但或者因为太贵，或者因为违法，病人的需求，药的供给，就相隔十万八千里了。这到底是钱惹的祸，还是权惹的祸？如果放了权，药便宜了，供给需求就相遇了。但问题是，能不能放权？

《我不是药神》可能为了故事情节的需要，未交代清楚原研药和仿制药的区别何在。互联网告诉我们：

原研药，指原创性新药，经对成千上万种化合物层层筛选和严格的临床试验才得以获准上市。这是专利药。需要花费 15 年左右研发时间和数亿美元，目前只有大型跨国制药企业有能力研制。

仿制药，指与原研药在剂量、安全性和效力、质量、作用以及适应证上相同的一种仿制品。专利药品保护期到期以后，其他国家和制药厂即可生产仿制药。

问题的核心在于：原研药过了专利保护期后，仿制药是合法的，就是非专利药。非专利药，就是要普度众生啊！

美国 FDA 有关文件指出，能够获得 FDA 批准的仿制药必须满足：和被仿制产品含有相同的活性成分，其中非活性成分可不同；和被仿制产品的适应病征、剂型、规格、给药途径一致；生物等效；质量符合相同要求；生产 GMP 标准和被仿制产品同样严格。

所以，《我不是药神》中并没有展示：印度每年出口药品大部分为非专利药。印度至少有 20 家制药企业通过美国 FDA 认证，其中南新、西普拉等正在成长为跨国制药公司，南新的非专利药已在美国取得 10% 的市场份额。

影片展示的好像是，印度药厂生产的不是非专利药，而是侵权专利药。游戏有游戏的规则，专利药被侵权，厂家维权，实乃天经地义。我们必须尊重知识产权。想一想，正是专利权法，促发了一次又一次的产业革命。至于专利药价格之高，那是需要另外途径解决的。

如果抛开影片，我们不得不问：为什么印度有那么多仿制药，有那么多非专利药？印度的佛教，就是要普度众生！印度的非专利药，似乎也有普度众生的味道！

非专利药，就是人类共享技术进步的红利。但是，能不能拥有共享这一红利的权利？这可不是普罗百姓说了算的。为什么我们身边没有这么多非专利药？为什么要跑到印度去买非专利药？为什么这一行为却是违法的？为什么我们的病人没有权利共享人类技术进步的红利？

这些问题，与影片无关，与现实有关！仿制药，非专利药，是合法的。合法的，疗效好，病人需要，而没有供给，这是为什么呢？命就是钱，命更是权！我们的生命权，到底由谁决定？

疫苗：天下没有免费的午餐[①]

1977年，有人问米尔顿·弗里德曼："您可否用一句话概括您的经济学思想?"弗里德曼脱口而出："天下没有免费的午餐。"的确，天下没有免费的东西。

如果我们身边有免费的东西，那一定存在着交叉补贴，一定有人为这个看似免费的东西付费。在我国，免费的东西往往体现了社会主义优越性。在一切都货币化的世界里，免费的东西越来越少，疫苗就是其中之一。

疫苗分为两类：一是计划内疫苗，强制性，免费；二是自费疫苗。一个婴儿，从出生起，就被纳入计划内强制性的免费疫苗体系，整个生命周期，都享受着社会主义优越性。祖国的花朵，一路欢唱，伴随着疫苗体系，茁壮成长。

但谁为疫苗付费呢？政府为疫苗付费。政府的钱。从哪里来呢？纳税人！正是纳税人滋养了免费疫苗体系。看来，疫苗并不是免费的。我们每天早上起来辛辛苦苦去上班，薪水需要缴税，其中一部分就是补贴了免费疫苗体系。这一具有普惠性质的免费疫苗体系，最能体现"取之于民，用之于民"的良性循环。

这一福利体制优越性，本应该滚滚向前，承载着普罗百姓的信仰和对美好生活的向往，却不承想出现了免费的假疫苗，福利体制"优越性"变成了"劣越性"。疫苗事件令人发指，人神共愤！

假疫苗，就是给这一生命系统造成的意外冲击。乱七八糟的化学成分肆无忌惮地进入儿童体内，不知道会引起什么样的暂时或长久的身体反应。

民众的心理底线一次一次被击破。国务院派出调查组，公安机关立案，涉事人员被查。各类媒体铺天盖地，骂声一片。脆弱的基层社会，再一次被冲击。的确，脆弱的基层社会，一次一次被冲击，却也无可奈何。喧嚣烦扰之余，我们必须思考：为什么会这样？为什么一而再再而三地发生这样的事件？每一个具有理

① 本文发表于2018年7月26日。

性的人，都想呐喊。

不法商人，看到了福利体制优越性的缝隙，挥洒着货币，和不法“劳心者”携手长驱直入。疫苗事件，立刻让人想到资本的罪恶。马克思的话又一次流行起来：一旦有适当的利润，资本就大胆起来，如果有10%的利润，它就保证到处被使用；有20%的利润，它就活跃起来；有50%的利润，它就铤而走险；为了100%的利润，它就敢践踏一切人间法律；有300%的利润，它就敢犯任何罪行，甚至冒上绞首架的危险。

有人马上呼吁，斩断资本链条。斩断资本链条，能够解决问题吗？疫苗事件，到底是资本之恶，还是人性之恶？我们为何一次又一次地看到资本之恶？资本之恶，为何一次又一次地神出鬼没？我们为什么不能抑“资本之恶”而扬“资本之善”？

碰到问题，并不可怕，重要的是解决问题。犯了错误，形成自我纠错机制，永远遏制“错误的逻辑”。环顾现实，一个舆论热点很快就掩盖了前一个热点，一个错误很快被另一个错误淹没。人们似乎没有时间思考，历史似乎失去了记忆。为什么社会不能形成自我纠错机制？这是一个真问题。我们需要苦苦追寻答案！

世界上的水是相通的

修昔底德陷阱到底有多深？

欧洲狂想曲：争胜比猜忌更重要

企业面临的致命之恶

能否让产业工人过上体面生活？

美元不美

谁把太平洋变成了小池塘？

关税影响了谁的美好生活？

公交狂想曲

警惕新“三期叠加”

普天同庆负利率

修昔底德陷阱到底有多深？[①]

现代社会，一个东西要想火起来，一定要蹭个热点，蹭个大事件。这不，因为中美贸易战这个大事件，“修昔底德陷阱”这个词在2018年就火了起来。人们说，中美贸易战，是修昔底德陷阱的表现之一。

我第一次听说这个词，是在2015年。2015年9月22日，习近平主席访美，在西雅图欢迎宴会上的演讲中指出：世界上本无“修昔底德陷阱”，但大国之间一再发生战略误判，就可能自己给自己造成“修昔底德陷阱”。

“修昔底德陷阱”指的是什么？我先说说“修昔底德”这个人。修昔底德约在公元前460年出生于雅典。他的家族不简单，是雅典的贵族，在沿海地区拥有金矿开采权。当时的雅典正处于鼎盛时期，哲学、实验、科学、历史、戏剧等全面开花。在雅典长大的修昔底德自然受到了良好的教育，多才多艺，文武双全。

公元前431年6月，雅典和斯巴达打起来了，史称“伯罗奔尼撒战争”。当时，这两个强邦都想当霸主。斯巴达是古希腊城邦的老大，雅典是古希腊的核心城市。这一打，就是数十年，直到公元前405年，强大的雅典海军惨败，霸权均势被改变了，斯巴达成为希腊世界的霸主。公元前404年，战争正式结束。

年轻气盛的修昔底德投身军旅，战功显著，于公元前424年被推选为雅典的“十将军”之一。骁勇善战的修昔底德，有一次率舰队增援友军，未能及时到达，被认为贻误战机且有通敌之嫌，于是被革职放逐。此后的20年间，他始终关注着战争进展情况，随时记下具体过程。作为军事家的修昔底德，变成了文学家和历史学家。直到公元前404年战争结束，他才获得特赦，得以重返故乡雅典。后来，他把战争记录汇总出了一本书——《伯罗奔尼撒战争史》。书中有一句话极其著名：“使战争不可避免的真正原因是雅典势力的日益增长引起了斯巴

① 本文发表于2018年8月22日。

达人的恐惧。”

这句话，被 2 400 年以后的一位美国人发扬光大了。2012 年，美国学者格雷厄姆·艾利森发明了一个词——“修昔底德陷阱”。美国的学者最善于杜撰名词。如果一个名词横空出世击中了一个大事件或者大趋势，流行起来，那杜撰名词的学者就扬名世界了。

艾利森履历很丰富：担任过美国国防部长特别顾问、哈佛大学肯尼迪政府学院首任院长，现任哈佛大学贝尔弗科学与国际事务中心主任。为给 21 世纪中美关系定性，他特意把两千多年前的修昔底德请出来为自己助威，杜撰了一个名词——“修昔底德陷阱”：一个新崛起的大国必然要挑战现存大国，而现存大国也必然会回应这种威胁，这样战争变得不可避免。这意思是守成大国与崛起大国之间的冲突是不可避免的，其实就是说，世界的老大和老二一定会打起来。

艾利森写了一本书——《注定一战：中美能避免修昔底德陷阱吗?》，“修昔底德陷阱”风靡全球了。似乎“修昔底德陷阱”成了国际关系的铁律。其实艾利森的这个词只是换了个马甲，研究国际关系的学者觉得就是那么回事。

1958 年，密歇根大学教授奥根斯基写了一本书——《世界政治》，提出权力转移理论：“在现有的国际秩序完全确立，完成了利益分配之后积累了足够实力”的那些强大而不满的国家，较有可能成为国际体系的挑战者。由于主导国不肯出让更多的利益，挑战国便试图通过自身快速增长的、与主导国匹敌甚至赶超主导国的实力，改变原有体系的秩序、原则，谋求在体系中更符合自身实力的地位，以便享有它们认为应得的特权。挑战国挑战原有体系的成功，意味着权力由一国向另一国过渡，标志着一个新秩序的开启。

如此看来，“修昔底德陷阱”还是挺有历史韵味的。修昔底德没有想到，他在 2 400 年后突然扬名立万了。修昔底德的故乡，应该赶快修建修昔底德故居，人们很可能要去观瞻了。说不定，这可以给深陷主权债务危机的希腊带来一些可持续的现金流。修昔底德的大名可以被资本化，这是修昔底德所想象不到的。金融工具就是这么牛，可以跨越时空，让修昔底德蹭蹭贸易战的热度，为希腊作出贡献。

欧洲狂想曲：争胜比猜忌更重要①

2018年11月11日，就在我们购物狂欢的时候，欧洲却发生了一些事儿，令人唏嘘感慨！这一天上午，法国巴黎香榭丽舍大街热闹非凡，凯旋门下庄严肃穆。1918年11月11日，第一次世界大战停战协议签署了。100年后的这一天，年轻的法国总理马克龙组织了一场宏大的停战纪念大会。

一曲《马赛曲》终了，60多位国家领导人静立在雨中的凯旋门下，其中一位就是美国总统特朗普。特朗普是有点不高兴的，因为马克龙此前呼吁欧洲组建军队。9日晚抵达巴黎后，特朗普立刻在社交媒体上表达不满：北约的军费，谁付得多？你先把北约军费掏了。令凯旋门下的特朗普更为生气的是，马克龙的纪念演说直指特朗普："爱国主义和民族主义完全相反。民族主义是对爱国主义的背叛！""说'我们的利益第一。谁关心别人？'这种话，就抹去了一个国家最珍贵的东西，赋予它生命力的东西，以及不可或缺的东西：它的道德价值观。"

年轻气盛的法国总统是勇敢的。这显然是在打特朗普的脸呀，批评特朗普奉行的"美国优先"原则。特朗普越听脸色越难看，气得他下午没有参加多国元首参加的和平论坛。德国总理默克尔在和平论坛上也呼应道："我担心一种心胸狭隘的民族主义可能会再次占上风。""孤立在100年前就不是正确答案。在广泛相互关联的当今世界，孤立自己怎么可能是明智的？"

这位物理学博士出身的铁娘子是勇敢的。默克尔是有她勇敢的资本的。1939年，德国的希特勒发动第二次世界大战，想用武力统一欧洲，他的梦想破灭了。2009年以来，德国总理默克尔利用欧洲主权债务危机，从理念上把欧洲人民紧紧地团结在德国周围。

马克龙和默克尔接连谴责了特朗普，因为特朗普有一次在国内集会上公开宣

---

① 本文发表于2018年11月15日。

称自己是一个民族主义者。特朗普很生气，回到美国就连续发了五条推特，疯狂反击马克龙。其实，特朗普不知道，欧洲有着哲学思辨的逻辑传统。关于“民族主义和爱国主义”的争论与狂想，已经有数百年历史了。

“由于贸易的猜忌而动怒，一个现代民主大国何等地误解了其真正利益所在，并准备发动或继续发动战争，以取得商业上的优势，甚至只是为了实现商业均势!”约翰·吉利斯在1797年这样说道。

“贸易的猜忌”这个词，因1758年大卫·休谟的论文《论贸易的猜忌》而扬名:“商业上有发展的那些国家之间最常见的现象就是：对于别国的进步感到疑惧，将所有的贸易国都视为自己的对手，总以为其他国家的繁荣必定会使本国受到损失。”休谟是很反对贸易的猜忌的。贸易的猜忌，把地球变成了经常上演商业战争的大剧场。持剑经商，贸易的逻辑屈从于战争的逻辑。

1776年，亚当·斯密出版的《国富论》也反对贸易的猜忌。但贸易的猜忌，确确实实成为国家理性在国际贸易中的应用。当贸易成为国家事务，国家公共政策的目的不是对互惠性的培育，而是逃避竞争压力和操纵市场。伊斯特凡·洪特一语中的：“贸易的猜忌，反映了这种贸易杀气腾腾的竞争本质。”亚当·斯密精辟地指出：国内政治中，爱国主义是一种充满了利他内涵的积极现象；对外关系中，爱国主义导致对其他国家大量的系统性偏见。贸易的猜忌，把爱国主义变成了民族主义，或者说经济民族主义。商业国家，变成了商业民族国家。

弗里德里希·李斯特说得很对：“经济学家们没有看到现代经济发展的政治—军事根源，将经济学化约为一门关于个人行为的科学了。”

亚当·斯密出版《国富论》就是为了摧毁贸易的猜忌。他给出了贸易猜忌的替代性方案：争胜。他说，“争胜是一种对我们自己应该具备的长处的渴望，它最初建立在我们对他人的卓越能力的钦佩之上。”“任何一个国家的政治经济学的宏伟目标都在于增加该国的财富和实力。”其实，1669年法国经济大臣柯尔贝尔就说过：“商业是所有国家之间比拼才智和干劲的永久而和平的战争。”

对人类来说，贸易不是奢侈品，而是必需品。全球自由贸易别无他选。更早的时候，亚里士多德就提出来“需要联合一切”的观念。商业的本质就是一种潜在的全球性活动。

请记住，对贫穷和失业问题的唯一真正补救办法是经济增长。为这个世界提供更好的产品和服务，才是真正着眼于未来的王道！2018 年 11 月 11 日“一战”停战纪念时领导人们又一次提出了“爱国主义和民族主义”的狂想。欧洲是在寻求突破，世界是在寻求突破。请记住：争胜比猜忌更重要。

企业面临的致命之恶[①]

招工难，难于上青天！留工难，更比招工难！不看不知道，到企业一看，就吓一跳！更感觉到这个世界太奇怪！产业工人的巨大流动性大大出乎人们意料！多家企业的工人流失率高达30%～40%！有些情况下，流失背后的动机，那是更加令人想不到！

A工厂到劳务派遣公司招人；劳务派遣公司派人到A工厂；几天后工人辞职又回到劳务派遣公司；A工厂又到劳务派遣公司招人；劳务派遣公司又派这些人到A工厂。这种循环是不是有些无聊，是不是有些奇怪？

秘密在于：如此操作，这些工人可以一周结一次工资。坊间还传，有些地方，竟然还有“打一天零工，过三天生活”的现象。如此的流动性，如此的躁动之心，如何撑得起产业的升级？如此的流动性，如此的投机主义，可谓苦了企业的经营！人心不稳，熟练工人缺失，生产线运行低效，人工成本充满着不确定性……

企业不到劳务派遣公司招人，行不行？2004年以来的用工荒是持续存在的。当某区域劳务市场的供给被一些劳务公司所垄断时，企业是无力的。更为严峻的是，工人即使在工厂之外受伤（与工厂无关），只要没有解除劳动合同，企业对这位工人的社保福利支出依然如故。

更有甚者，若干年后感到身体不适，还要跑到企业寻求补偿。有时候出于道义，有时候被劳动仲裁诱导，企业还要付出资金，只能流下泪两行。

2008年以来，原材料成本上升，资金成本上升，工资成本上升，关税上升……与此同时，我们看到，产品价格在降，市场订单不畅，贸易战炮火心慌慌……竟然还要面临如此不确定性的用工和福利成本，企业家迷茫了。一个大国的崛起，一定是企业的崛起；企业的崛起，一定是企业家的崛起；企业家的崛

① 本文发表于2018年12月25日。

起，一定是创新精神的崛起。

但一个社会，有能力的人也是需要被保护的。企业家，也是需要被保护的。劳动法在实际执行过程中，该如何贯彻？

无论资本雇佣劳动，还是劳动雇佣资本，现代企业制度，都是社会的基石。我们拥有世界上最为齐全的产业体系，正在呼唤坚实的社会基石！

能否让产业工人过上体面生活？①

谁能为世界提供更好的产品和服务，谁就能赢得全世界。这就要全社会形成生产性努力，生产出更好、更多的产品和服务；这就要适当抑制过多的分配性努力，防止太多的人成为分利者，成为社会的“脂肪肝”。

人对激励是有反应的。一个社会，其成员是积极向上，还是慵懒？是学而优则仕，还是学而优则工商？谁应该是生产性努力的主体？这些问题的解决至关重要。产业兴，则国兴；产业强，则国强。

产业兴的关键是要有一支庞大的高素质产业工人群体。高素质的产业工人，是一个国家和地区最重要的、不可替代的禀赋。一个社会的生产性努力如何，就看年轻人是否愿意当产业工人；谁来当产业工人；是争先恐后地力争当产业工人，还是被逼无奈当产业工人。

具有工匠精神的产业工人通过“干中学”，易于发现技术创新机会和市场创新机会，从而激发其企业家精神。工匠精神和企业家精神，是一个社会生产性努力的具体体现。回到现实，一个大学生，无论专业是哲学、历史学、经济学、社会学、文学、语言学、法学，还是数学、物理、化学、生态学、工程学、生物学，毕业前常会去做一件事：考公务员。而社会上很少看到万人争当产业工人的景象。试问父母，有多少人愿意自己的孩子去当产业工人？这不是个体的错，而是社会没有激励大学生、年轻人去当产业工人。其根本原因就是产业工人收入太低。

一个以工业为发展原动力的社会，让产业工人成为中产阶级，让产业工人有能力成为社会消费需求升级的推动者，是其可持续发展的基石。环顾全球，为什么在澳大利亚许多人争当矿工？因为矿工收入高，为此人们要经过严格的资质筛

① 本文发表于2018年5月29日。

选才能当矿工，高收入带来高素质。为什么德国人以当工人为荣？因为高收入的产业工人是社会行为示范者和引领者，德国将工程学和工艺流程的精密性组织与工匠精神相结合，成就了其制造业的全球领先地位。元器件研发升级和工匠精神，形成了日本各产业发展的基干，其背后是高工资和福利支撑的体面生活。总之，产业工人能过上相对体面的生活至关重要。

谁来当工人？怎样激励年轻人把稀缺的时间和智力投入到产业工人岗位上？

我们要塑造一支可以和世界先进产业工人相媲美的产业工人队伍。这支队伍，理论知识水平高，经受过系统的实验室专业训练，能够很快适应并操作精密化、自动化、智能化的生产流水线和设备，既懂硬件又懂软件，尤其是能通过工业软件调整参数，完善并提升产品品质。由此看来，理工科的大学生，最适合做产业工人。但是，学生本人愿意吗？不愿意！父母愿意吗？不愿意！

当前，要扭转社会的就业偏好和就业去向，把不愿意当产业工人的大学生，激励成争先恐后去当产业工人的大学生。要去除干部和工人的身份划分。这一传统体制下的身份划分，造成了身份歧视：让干部成为“人上人”，成为劳心者，让工人成为“人下人”，成为劳力者，且很难翻身。这造成了社会成员流动的身份壁垒。

要重新塑造新产业工人身份，就要使产业工人收入提高，能过上体面生活，成为社会仰慕的职业；要让“我要当工人”成为社会的共识和主流氛围。在此需要警惕的是，虽然近年来工人工资有所提升，但距离支撑体面的生活还有相当长的路程。降低成本过程中，对企业而言，要降的是政府征收的税费，不能降的则是工人的工资福利。

要把工科塑造成为社会热门专业，让大学生积极选，热情学。工科的繁荣之日，就是产业强国之日，就是产业工人享有社会荣光之日。

美元不美[1]

人世间，每一个人都喜欢钱更值钱，这样，钱看起来很美；人们都害怕钱不值钱，这样，钱看起来不美。但这一看似放之四海而皆准的道理，对不同岗位的人，却不一定成立，比如美国总统和美国联邦储备委员会（中央银行）主席。

美联储主席职责是：保持币值稳定。美联储主席就是要让美元更值钱。为此，美联储主席有时候要控制美元的供给量，就可能回笼货币。钱不能太多了，太多了就不值钱了，钱就不美了，就影响了人民的美好生活。回笼一些货币，物以稀为贵，钱就变美了。美联储主席这样做充满着正义性：不能让人民的钱变得不值钱，不能影响人民的美好生活。这是美联储主席根据经济形势选择货币政策取向的最大底气。美联储是公众机构，为公众利益而存在。让货币看起来很美，是主席职责所在。美联储主席时刻牢记：为了人民的美好生活，要兢兢业业地做好这份工作。美联储主席的目标很单纯：经济正确。

总统不喜欢美元看起来很美（更值钱），更喜欢美元看起来不美（不值钱）。为什么呢？总统的心思很好猜——KPI 很重要。本来，总统的宏观政策四大目标是：经济增长、充分就业、物价稳定、国际收支平衡。但总统对物价稳定不太关心。在总统看来，钱多一些，好处很多：太多的货币追逐太少的商品，物价上升，东西好卖了；企业生产就加快，就多雇人，总统的 KPI（充分就业）就实现了；企业赚钱多，增加值多了，总统的 KPI（经济增长）就实现了；钱多了，美元贬值了，美国的产品在国外便宜了，就更好卖了，出口挣钱多了，国际收支改善了，又一个 KPI 实现了。总统喜欢美元看起来不美，其目标很单纯：选票至上，短期经济 KPI 至上。

总统很清楚，“位子”是 1，其他都是 0，先有 1，后面的 0 才有意义。总统

---

① 本文发表于 2019 年 5 月 20 日。

知道，民意很重要，选票很重要，争取选票的KPI很重要。尤其是在任总统就要竞选连任的时候，更喜欢美元看起来不美。总统很清楚，外交赚人气，经济赚选票。

美元贬值，就是和别的国家打价格战。1公斤车厘子，在美国买10美元。假设1美元兑8元人民币，出口到中国（不考虑其他费用），车厘子卖人民币80元。如果美元贬值，1美元只能兑6元人民币，车厘子卖人民币60元。车厘子的人民币价格便宜了，中国人民吃的就多了，美国车厘子生产者就好过了。美元贬值，国家价格战的效果立竿见影，总统很喜欢。

美联储主席喜欢美元看起来很美。美国总统喜欢美元看起来不美。为了让美元看起来很美，美联储主席有时候不得不得罪总统。美联储主席竟敢得罪总统，胆子不小啊！美联储主席的胆量是国会给的。国会1935年重新修订了《联邦储备法》，把美联储与财政部分开，明确了美联储的管理地位。

但人世间，很多事情是斩不断理还乱的，美联储还不时受到财政部的掣肘。毕竟，汇率政策是财政部的事儿，美联储没有太大的发言权。1949年，后来任美联储主席的沃尔克在本科毕业论文中写道：做无视中央银行维持物价稳定职责的懦弱行为，那美联储不如加入财政部好了！美联储的独立地位，直到1951年才得到确认。时任美联储主席的马丁以高超的智谋使美联储摆脱了财政部的监管。

财政部，那是总统的铁杆下属。美联储，拒绝当总统的下属。1965年，总统约翰逊的日子不太好过，因为他成为逆差总统了。美国货物出口挣钱少了，进口货物花钱多了，国际贸易变成逆差了。总统想打价格战，想让美元贬值一些，不想让美元美起来。可是，当年12月，美联储主席马丁提高了再贴现率，这相当于减少了美元供给，美元变贵了，看起来很美。总统很生气，把马丁叫到自己休假的牧场训话，据说两人还发生了肢体冲突。为了美元美不美的问题，总统和美联储主席不仅经常吵架，还打架，这也算是人世间一道靓丽的风景线吧。

2018年，总统特朗普和美联储主席鲍威尔可是没少吵架，好在没有打架。2018年2月5日，鲍威尔接下耶伦的主席位置。鲍威尔有点执行“两个凡是”

的味道：凡是前主席耶伦的政策取向要坚持，凡是前主席耶伦的政策计划要执行。2015 年 12 月 15 日，美联储主席耶伦进行了一场世纪豪赌，开始 2008 年金融危机后第一次加息，对经济投下信任票，让美元看起来很美。2017 年 10 月，美联储主席耶伦开始缩减美联储的资产负债表，就是要大幅度减少美元供给，让美元看起来更美。2018 年，鲍威尔沿着耶伦的脚步铿锵前行。

这让特朗普很生气，他经常对鲍威尔指桑骂槐。特朗普觉得：我和中国打贸易战，我加征关税，让中国产品在美国不好卖；你鲍威尔却让美元升值，让美元很美，把我射出去的关税炮弹威力给抵消了。

特朗普很生气，却也没有办法，撤掉鲍威尔的程序太麻烦，还不一定成功。2019 年初，鲍威尔减缓了加息的步伐。特朗普舒了一口气，但还是不满意，鲍威尔仍在继续缩表。2019 年 5 月 10 日，特朗普第三轮对中国产品加征关税。这是企业家出身的总统的极限施压。但没想到，人民币贬值了，美元升值了。特朗普又烦恼了，美元看起来很美，抵消了加征关税的威力。其实，这一次不完全是鲍威尔惹的祸。中美经贸磋商遭遇挫折，人们的心理预期变了，开始追逐美元避险了。市场就是这样自主运行着。这一次，特朗普被外汇市场撞了一下腰。幸好，中国人民银行出手，人民币才没有更进一步贬值。但特朗普又在推特上说：要是美联储降息就好了，美国肯定能赢，不知道鲍威尔是怎么想的。2019 年 6 月特朗普要开始竞选连任了。竞选连任者极其希望美元看起来不美。这一次，鲍威尔给不给总统面子呢?

谁把太平洋变成了小池塘？[①]

浩瀚的太平洋无边无际，古人想要跨过太平洋，不知道需要付出多少努力。即使在航空时代，在飞机里待上 10 多个小时也不是一件轻松的事情。但在一些人眼中，太平洋就是一个小池塘。

故事还得从很久以前说起。1929 年，世界经济大萧条发生得有点突然、有些出乎意料。这更出乎 1929 年 3 月 4 日上任美国总统的胡佛的意料。胡佛的竞选口号是："每个锅里都有鸡，每个车库都有车。"这是承诺要让美国人民人人都过上美好生活。胡佛也曾骄傲地宣称："感谢上帝的帮助，贫穷从这个国家绝迹指日可待。"此时的美国，工业居世界第一已经近 30 年了。

没想到，刚上任半年，大萧条就骤然而至，胡佛成了萧条的"接盘侠"。经济寒冬时代，冷风凛冽，企业为了生存，那就降价吧，恶性竞争了，通货紧缩了。企业也是没有办法。你不降价而别人降价，立刻死；一起降价，过一段时间，可能一起死，也可能有一些活。企业打起价格战，开始恶性竞争了，政府就想着要管一管了。

为了限制恶性竞争，政府这只看得见的手，就出台了公平交易的法律，其中一条是制造商为自己的产品设定最低零售价。1936 年，最高法院支持公平贸易法，力图保护制造商。这样一来，零售商就不能廉价出售商品了。

在法律面前，零售商想和制造商砍砍价，但议价能力弱了。零售商是要真真切切地接受消费者的货币选票选择的。价格高了，消费者就用脚投票了。消费者不买账，零售商怎么活呀？怎么办呢？零售商就开始想办法了。既然法律规定了，那就在法律之外想办法。那就创设自有品牌，自己生产吧。零售商说干就干。

---

① 本文发表于 2018 年 10 月 8 日。

但制造和零售毕竟是两回事儿，想自己生产也不是一件容易的事儿。零售商也知道，分工出效率。怎么办呢？零售商想一想，用自己的品牌，让别人生产。这些天才的零售商，就这样创造了贴牌生产。但是到哪儿去找愿意生产它的人呢？在国内囿于公平交易法的限制，那就到国外去找吧。因为“二战”之后的冷战关系，那些社会主义国家就不考虑了。看看大西洋对岸，西欧这些国家工业体系相对成熟，产品有一定竞争力。贴牌这种活儿，显得有些低层次，西欧制造商不一定愿意接。看看太平洋对岸，离美国最近的日本有一定工业基础，但生产消费品没什么竞争力。那就和日本人谈谈吧。

“二战”之后的日本，要重建，要挣钱，正在发愁如何开拓世界市场呢。美国可是世界上最大的市场，可是最大的金主呀。没想到，天上掉下了大馅饼。美国的零售商主动找到了日本的制造商。尽管美方在价格和质量控制方面的条件很苛刻，利润很薄，但只要有钱赚，日本制造商还是极其乐意的。制造零售商自有品牌产品的合同，为日本制造商提供了进入世界最大市场的入场券。

就这样，美国的大零售商跨过太平洋，把一张张订单送到了日本。一些原料、设备，还有生产技术，也随之来到了日本。

所以，芭比娃娃 1959 年在美国刚刚问世，很快就落户到日本生产。当时，发达国家的孩子们都知道，芭比娃娃的臀部印的是“日本制造”。日本人赚了钱，了解了市场，掌握了生产技术，实力一天天壮大。慢慢地，日本的产业工人工资高了，美国那些订单越来越不赚钱了，日本人不想接单了。日本人想，我生产能力强了，那就生产自己的产品吧。

美国人没有想到，自己的订单把日本养大了，把日本培养成了竞争对手。美国的那些订单，在日本接的人少了，那就转移到韩国、中国台湾、东南亚吧。20 世纪 80 年代以后，芭比娃娃的臀部印的可能是“菲律宾制造”或“印度尼西亚制造”。

美国的订单如同秋叶，哪里有成本较低之风，就落到哪里。在美国零售商眼里，太平洋算什么，就是一个小池塘。只要池塘对岸有利可图，他们就跨过去。

1979 年，邓小平访问美国，中美的蜜月期开始了。美国的零售商突然发现，中国大陆有那么多劳动力、人口红利呀，工资低呀。于是乎，20 世纪 90 年代开始，芭比娃娃的臀部印的是“中国制造”。此时，如果你有“日本制造”字样的芭比娃娃，那你一定要收藏好，它已经成为千金难觅的古董了。美国人卖东西，中国人造东西，两国人民跨越太平洋握手了。

2001 年，中国加入了 WTO。世界市场带动着中国巨轮以更快的速度飞奔着。中国的生产能力，慢慢地强起来了，中国不仅能生产芭比娃娃，苹果智能手机也主要由中国生产了。2010 年，中国在制造业方面超过美国，结束了后者 110 年来制造业居世界第一的光荣历史。

美国人感到不舒服了。2017 年，企业家出身的特朗普当上了美国总统。对财务数据比较敏感的特朗普觉得中国人挣美国人的钱太多了，就打起了贸易战。特朗普想把已经浓缩为小池塘的太平洋变回原本浩瀚的样子。

但我们不要忘记，是企业家把太平洋变成了小池塘。只要有利可图，他们一叶扁舟，奋力划桨，就到了对岸。在企业家眼里，太平洋就是小池塘而已。

任何一个国家的领导人，想把已经浓缩为小池塘的太平洋，变回浩瀚大海的原样，都是有点难度的；或者说，是企业家逐利的冲动，把大海变成了池塘。

1492 年，哥伦布有点偶然地把大西洋变成了小池塘。这个将世界经济搞得翻天覆地的人并非特别爱航行，而是想到彼岸发财致富。资助哥伦布航行的伊莎贝尔女王，也是想黄金、白银多多益善。在企业家眼中，一切大海都可以变成小池塘，只要对岸有足够的吸引力。

关税影响了谁的美好生活？[①]

美国社会是最成熟的商业社会。对美国消费者而言，美好生活最重要。美国消费者不讲主义，他们只讲生意；或者，先讲生意，再讲主义。

近期，美国总统特朗普再一次挥舞了关税大棒，对中国出口美国产品加征关税。这会不会影响美国消费者的美好生活呢？

消费者都喜欢物美价廉的商品。特朗普的关税会不会导致商品物美价贵呢？那就要看看，中国产品出口到美国，消费者购买的商品价格是怎样形成的。我们来看看这一段奇妙的旅程。

中国产品生产商，考虑到合理利润比例（不能亏），缴完境内各种税费和出口相关税费后，商品就出了海关。这时候的价格是离岸价格。

这时候，离岸价格还是用人民币表示的，除以汇率（1 美元值多少人民币），就变成美元离岸价格了。商品出了海关，装上船，就要跨越太平洋，驶向美国了。这是需要运费的。太平洋如此之大，充满着风险，出事儿了，怎么办？那就要买保险。

船顺顺利利到美国港口后商品就有了到岸价格。

这个时候，特朗普来了，说："关税是个好东西。"在到岸价格基础上，特朗普要征收关税。美国的进口商没有办法，只能给特朗普缴关税。但进口商想，这个关税要转嫁给消费者，自己还要有合理的利润。如果没有发生其他费用，消费者的购买价格就形成了。

消费价格 = 到岸价格 ×（1 + 关税率）×（1 + 进口商利润率）。这个链条上的利益相关者分别有：中国产品生产商（出口商）、中国政府、保险公司、货运公司、美国政府、美国进口商、美国消费者。在这一链条中，消费价格的变化，

① 本文发表于 2019 年 5 月 17 日。

影响着每一个利益相关者的美好生活。

现在，特朗普加征关税了，税率提高了。如果其他都不变，美国消费者购买的商品价格肯定被提高了。消费者就不高兴了。消费者可能就要任性地挥舞货币选票了。

如果消费者能够以低价买到其他国家的同类产品，那就不买中国产品了。消费者不买中国产品，利益相关者的利益就归零了。如果消费者买不到其他国家的同类产品，中国产品价格又太高，那就只能少买了。少买，利益相关者的利益就相应地减少了。总之，消费者的美好生活，以及利益相关者的美好生活，被特朗普的关税大棒搅乱了。

任何政策都是利益的分配书，有人受益，有人受损。如果要做到不影响美国消费者的美好生活，那消费价格就不能涨。特朗普加征关税，特朗普政府赚了。那就要有人采取措施，把特朗普加征的关税对冲掉。如果进口商这样做，进口商只能自降利润，少赚点。这相当于进口商补贴了消费者。进口商能降多少利润就不知道了，总之不能亏钱。货运公司能不能下降点运费，就不得而知了，一般很难，总之不能亏钱。保险公司能不能下降点保费，就不得而知了，一般很难，总之不能亏钱。

中国生产商（出口商）能不能降低价格？有时候，为保住市场份额，生产商（出口商）会降价，少赚一点。这相当于中国生产商（出口商）补贴了美国的消费者。

问题的关键是生产商（出口商）能降价多少呢？如果生产商（出口商）生存靠的是出口退税，出口价格只能弥补成本，那就很难降价了。生产商（出口商）的日子如何，只能自知了。

中国政府能否对冲特朗普加征的关税呢？如果中国政府能够降低生产商（出口商）的税费，通过传导，离岸价格就会下降一些，消费价格就会下降一些。这相当于中国政府补贴了美国的消费者。

2019 年中央政府送给企业一个大礼包：增值税税率从 16% 降至 13% 。由于中国是以间接税制为主，这一降税红利，只是经过制造业之手给了消费者。如果产品是出口的，降税红利在一定程度上给了美国消费者。看来，间接税制真的要变，要变成直接税制，直接降低所得税税率多好！

还有一种办法对冲特朗普加征的关税，那就是人民币贬值。人民币贬值了，美元贵了，用美元表示的离岸价格就变小了。通过传导，消费价格就可能不会因加征关税而提高。特朗普一挥舞加征关税大棒，人民币就可能贬值。

这样，美国人民依然过着美好生活。可是，人民币贬值，持有人民币资产的人利益受损了。这相当于持有人民币资产的人补贴了美国消费者。这些人肯定是不想这样做的。于是，他们都想方设法把人民币资产换成外币资产，有些抽逃了。这样，我们的国际收支平衡表就可能恶化了。

看来，人民币贬值幅度不能太大，贬值一会儿，就要升值，否则，形成贬值通道，形成贬值预期自强化，就一发不可收拾了。

如果中国企业不想取悦美国的消费者，不要或者少要美国市场，就需要开拓第三方市场，赚其他国家的钱，或者打造强大国内市场，赚本国人民的钱。一场新的马拉松竞赛就要开始了。

公交狂想曲[①]

这个世界很奇怪，有点让人不明白。人们早上汹涌而出，晚上澎湃而回，求的是高高兴兴出门去，平平安安回家来。在人们早出晚归中，公交车的安全有序行驶至为重要。从小到大，谁没有坐过公交车呢？谁没有和公交车同路而行过呢？公交车的方向盘，把握在谁的手中，这是至关重要的（方向盘应该在公交司机手中，这是天经地义的事儿）。

但偏偏天经地义的事却频频出意外。我国的公交司机身边突然冒出了许多企图篡夺方向盘的“乘客”。即使在重庆公交车坠江之后，各地还不时传来抢夺方向盘的事。一言不合，就夺方向盘，那些人竟然不顾身在同一辆车的其他乘客。公共交通，竟然面临如此威胁，真是匪夷所思，甚至人神共愤。司机身边为什么出现了那么多不法之徒？如何防止出现这些不法之徒？

突然想起来一件事，十几年前，我第一次到美国，认识了“carpool”这个词。在行车道的最左边，有一条 carpool 车道。carpool，就是“拼车”的意思，carpool 车道就是一辆车内有两人及以上才可通行的车道。司机一个人开车，那就不能上这个车道，否则重罚。这是一个鼓励拼车、减少排放的有意义的规则设计。

更有意思的是我后来听说的一件事儿。有一个怀孕的女司机，自己一个人开车，上了 carpool 车道。

这被交警看见了，要处罚她。她辩解道，车里有两个人，除了她，还有肚子里的孩子，符合 carpool 的规定。交警大吃一惊，竟然还有这样的说法，最后事情闹上了法庭。法官和陪审团也是第一次碰到这样的事儿，真是天下之大，无奇不有！法官和陪审团经过反复商议，慈悲为怀，放了女司机一马，判她无罪。

---

① 本文发表于 2018 年 11 月 29 日。

从此，这位女司机就有恃无恐了，把判决书放在车窗前，理直气壮地开上了carpool 车道。知道这件事的交警就只能假装看不见了。这一判例的示范效应到底有多大，不得而知。但投机主义战胜了规则，交警心中充满着痛。

有一次，这位女司机碰到了一位不信邪的、较真的交警，把她拦下。女司机又拿出判决书。交警看也不看，说："根据规定，驾驶位上只能坐一个人，超过一人则受罚。"

事情再一次闹上法庭，显然真理站在了交警一边。但法官和陪审团以法律为依据，以事实为准绳，判了女司机的牢狱之苦。从此，carpool 车道风平浪静。

规则，战胜了投机主义。我国各地不时传来公交夺命狂想曲，到底出了什么事？是规则出了问题，还是人性出了问题？难道无赖成了无赖者的通行证，规则成了守规者的墓志铭？

上层社会的人，鲜有乘坐公交的。非上层社会的人，才是乘坐公交的主力军。这一主力军到底是怎么想的？为什么有些人的情绪会不顾一切地爆发、失控？在生命和规则之间，竟然选择抢夺方向盘！这背后隐含着什么样的更大的危机？我们需要好好想一想！

警惕新“三期叠加”[①]

2020年，新冠肺炎疫情给人类出了一轮又一轮的难题。面对疫情的经济冲击，中央银行印了大量的钞票，防止“资本罢工”。中央银行从最后贷款人变成了最先贷款人了！货币之水汹涌而来，产生了一系列涟漪。

2021年，新一轮新冠肺炎疫情又至，国际经济形势出现了新变化，国内经济面临着新问题，形成新的“三期叠加”，值得我们睁大眼睛，有所警惕。因为我们用那些传统办法的话，可能会力不从心。

如果说，2020年，新冠肺炎疫情是对经济的意外冲击，那么，到了2021年，新冠肺炎疫情变成了对经济的常态冲击。这是一个新常态冲击，甚至是一个持久冲击。此刻，无论主动，还是被动，人们的心里开始起了变化。消费者从心理上已经做好了打持久战的准备，从行动上开始紧缩消费需求。生产者从心理上已经做好又一次面对产业链“断链”、资金链“断流”、订单“断单”的准备，从行动上开始控成本、慎生产、防破产。这将加剧各级政府的财政收入紧缩和财政支出剧增的拮据状况。一方面防疫财政支出大，另一方面疫情导致财政收入变少，政府的日子不好过呀。

2020年，世界各国的中央银行为应对新冠肺炎疫情带来的经济下行压力，释放了大量的货币，影响传导到2021年，演变为大宗商品价格快速上升。从2020年5月到2021年5月，以金属类大宗商品为代表的价格扶摇直上可不是一件偶然事件。尤为值得注意的是，美国可以通过期货市场制造“中国需求通胀”。其传导逻辑是：美国宽松货币政策→美国期货市场涨→中国期货市场涨→中国现货市场涨→生产成本上升→消费品价格上升。世界上，针对中国需求主导的大宗商品（主要是原材料和生产资料）价格上涨更为明显。这导致中国出现

① 本文发表于2021年6月13日。

成本推动的输入型通货膨胀，生产成本和生活成本快速上升。我国制造业企业，面对输入型通胀，生存尤为艰难。

由于世界大宗商品价格上涨带来煤炭价格上涨，又逢上半年降雨偏少，火电和水电供应紧张，天气变热用电需求增加，“电荒”再一次提前且集中来临。芯片生产高耗水、高耗电，由于缺电、缺水，以台湾地区为代表的芯片主产区供给能力下降，“缺芯”对以汽车制造业为代表的智能制造业产生瓶颈式的冲击。

新“三期叠加”（新冠肺炎疫情的常态冲击期、输入型通胀的集中爆发期、关键生产要素的集中短缺期），就这样呼啸而来了。这不是一只“黑天鹅”，可能是一头“灰犀牛”。如何留住青山赢得未来？我们切不可莽撞前行！

普天同庆负利率[①]

2019年9月12日，欧洲央行再度下调关键利率，将隔夜存款利率下调至负0.5%。此前，几个国家央行也搞了负利率。

这个负利率，是什么回事呢？其实负利率就是商业银行的钱存在中央银行，中央银行不但不给商业银行利息，还要向商业银行收取保管费。商业银行的钱放在央行，连本都折了。欧洲央行为什么还收保管费？

欧洲央行搞负利率，也是不得已而为之。实体经济实在有点不争气，中央银行总是想要呵护一下。央行从来都是这样：两利相衡取其重，两害相权取其轻。欧洲央行搞负利率，不是想收商业银行存款的保管费，而是想让商业银行把钱放贷出去，贷给企业和居民，让企业和居民尽情地花。

当然，商业银行贷款利率要很低才行，如果贷款利率高，企业和居民就不会向银行借钱了。企业和居民有了钱花，需求就旺了，经济就活了，人们安居乐业，企业欣欣向荣，美好社会就出现了。央行就是这样设想这一需求侧美景的。当然，这一美景能否实现，央行就无法掌控了。

商业银行可否对客户存款也搞负利率呢？如果商业银行也对客户存款收保管费，企业和居民就会把钱都取出来，那将是一个现金社会，人人手持现金。银行面临的将是：挤兑（挤提）。现金都被客户提走了，银行哪还有钱放款呢？银行都失去了资金融通调剂余缺的功能。这样，谁最高兴？造币业及其关联产业最高兴。优质棉花、优质塑料等造币需要的优质原材料就兴高采烈了。

商业银行怎么办呢？商业银行只能对客户存款实行极低利率或者零利率。当然，银行有时候也会搞存款负利率。那是客户钱太多，怕不安全或不方便。对有钱人而言，货币的边际效用是递减的，交一些保管费，也无妨。

---

① 本文发表于2019年9月30日。

对我们普通群众而言，货币的边际效用可不是递减的。给银行交保管费，那是会大大带来负效用的。所以，劳苦大众会旗帜鲜明地反对存款负利率。当然，普罗百姓也只能接受低利率或零利率。

可见，商业银行信贷（存款和贷款）利率下降成为全球一个大大的趋势。

在这个大喜的日子里，我们的央行是怎么想的呢？中央银行近年的货币政策，除了普惠性的降准，“精准浇灌”的多，“大水漫灌”的少。

精准浇灌，无论是定向降准、定向降息，还是要求民企贷款“一二五”目标，都有特定的领域指向（不同地区、行业、阶层），这就会产生新的分配不公：受益者高兴，受损者哀叹。

资金的分配，并没有发挥市场决定性作用。为了解决不公平而导致新的不公平产生，恐怕背离了中央银行这一公共利益机构的初心。

中央银行的初心应该是什么？美联储前主席马丁曾说：在宴会高潮时，收走酒杯。其实，货币政策的初心就是：逆经济风向而行，熨平经济波动。至于特定领域公平问题，那应该不是中央银行要解决的事。所以，中央银行要时时刻刻不忘初心。

2019 年 9 月 19 日，美联储主席鲍威尔宣布今年第二次降息。鲍威尔面对媒体讲话结束时，说了一段意味深长的话：“我仍相信美联储的独立性是有益于美国民众的利益。美国重回可持续的财政立场是很重要的。”第一句话是说给总统听的，第二句话是说给财政部部长听的。意思是说：美国有些事，应该由财政部解决，不要老来烦美联储。

其实，中央银行实现初心，不应该是“精准浇灌”，而应该是“大水漫灌”（抑或“抽回大水”）。大水漫灌，货币之水流向什么地方，那是市场决定性作用的结果。谁有能力为社会提供更好的产品和服务，货币选票就会选择谁。

如果货币政策不是由市场决定的“大水漫灌”，而是由行政决定的“精准浇灌”，这就如同用一个谎言掩盖另一个谎言，结果只能是产生更多的谎言。

近年来，中央银行的“精准浇灌”似乎并没有使被浇灌的孩子茁壮成长，还是回到“大水漫灌”的初心为好。那中央银行就应在普惠性降准基础上进行普惠性降息。

当然，我们知道，中央银行在下一盘大棋：想用市场决定的 LPR（基础利率），替代行政决定的信贷基准利率。在这一替代没有完成之前，人们不想承受负利率，只想承受低利率。

后　记

《经济学让生活更美好》，是由微信公众号“嗨经济”系列推文节选汇编而成的。自首篇推文《故我在》发布（2017年8月6日）开始，“嗨经济”已经走过了五年的花样年华。洋洋洒洒300余篇，一路风行，力求用通俗的话，说清楚宏观大事和日常琐事背后的经济学道理，力求大道至简，用百姓话讲清楚百姓事儿。其主线逻辑就是张扬经济学的理性，说清楚美好生活背后的经济学理性。浸淫于经济学多年，我深知，只懂经济学的经济学者，绝对不是一个好学者。我深知，既要讲好“黑板经济学”，锻炼缜密的逻辑思维，也要洞察“现实经济世界”，做一个世俗哲人。本书是笔者浸淫经济学心旅的一个挑战，亦是一个阶段性总结。雄关漫道真如铁，而今迈步从头越！“嗨经济”依然会砥砺前行。

感谢暨南大学出版社各位编辑老师！她们从推文选择、文风转变、语句斟酌、框架结构、编辑排版、封面设计等方面提出了很好的建议，为本书的顺利定稿与出版付出了辛勤的汗水！

文中存在疏漏与不足之处，敬请读者批评指正！

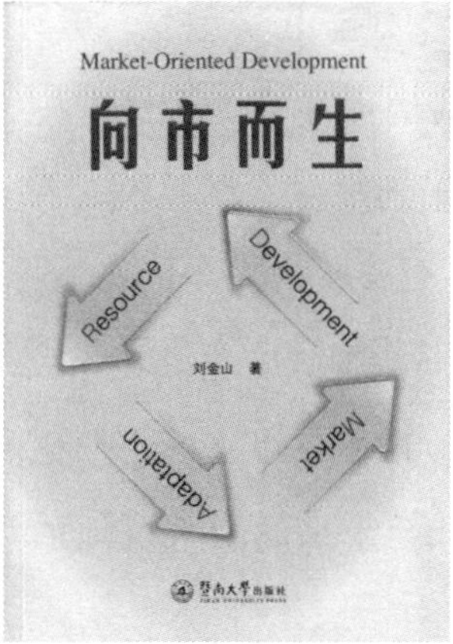

《向市而生》 刘金山 著

本书为经济学短篇时评，分为市场之美、产业之兴、政策之力、宏观之妙、发展之势、粤地之生、读思之乐七大篇章。按照经济学逻辑解读现实，以“使市场在资源配置中起决定性作用和更好发挥政府作用”为主线，体现了行为主体要面向市场而生存、成长的规律，故名为“向市而生”。

《市迹》 刘金山 著

本书以兰州大学 1990 级经济管理专业同学的成长史为微观样本，梳理改革开放 40 年的市场化轨迹。1990 年的大学生，生于改革开放前，小学恰逢改革开放初，中学时值 20 世纪 80 年代中期，大学求学于 90 年代，事业成于 21 世纪，堪称改革开放 1.0 学代。他们的人生轨迹就是市场化的轨迹，其个体轨迹变迁就是市场轨迹的微观变迁。

《握手市场：1978—2018》 **刘金山 著**

本书以“人民对美好生活的向往”为主线，按年份讲述 1978—2018 年的包干到户、汇率并轨、入世等一系列大事对普通百姓的日常生活产生的影响，从微观视角描绘市场化进程的行为模式变化及其背后的经济学逻辑，梳理 1978 年改革开放以来的市场化轨迹，分析改革开放给中国社会带来的翻天覆地的变化。

《消费行为模式变迁（1949—2019）》 **刘金山 著**

本书讲述普通百姓 1949—2019 年消费行为的变化轨迹，回顾各个年代的个体消费特征，提炼居民消费行为的模式变迁，将国家重大事件进程、百姓碎片化的生活现象，用经济学的通俗理论进行专业解读，从中梳理出消费变迁的内在逻辑，折射新中国成立以来人民生活水平的不断提高和消费模式的巨大变迁。